Annette Cramer

Kinder fördern durch Sprechen und Singen

Entwicklung von Selbstbewußtsein und Persönlichkeit mit Atem, Bewegung und lebendigem Stimmklang

SÜDWEST

Inhalt

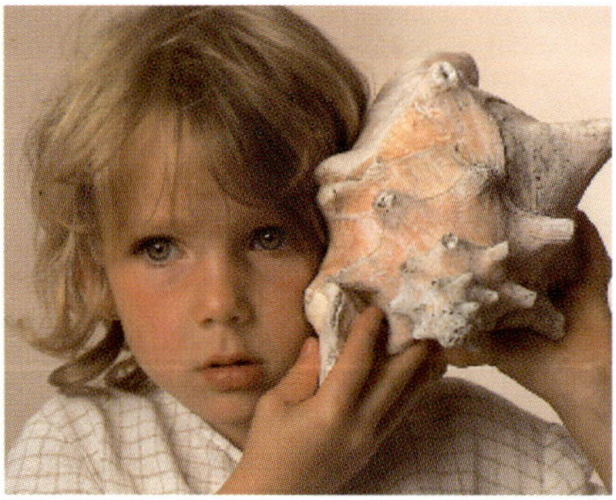

Das Ohr ist ein hochsensibles Organ

Sehr bedeutsam für das Kind: die Stimme der Mutter

Vokale in Form bringen: Gymnastik mit dem Mund

Die Stimme spielerisch fördern, den Körper zum Klingen bringen

Vorwort

Durch das richtige Atmen, die aufrechte Körperhaltung, das Öffnen der Resonanzräume, das Lockern sämtlicher Mundmuskeln und das Entspannen der Kiefergelenke erhält die Stimme ihren offenen Klang, das Kind sein natürliches Selbstbewußtsein.

Kinder haben einen bewundernswert spielerischen und kreativen Umgang mit ihrer Stimme. Sie trällern vor sich hin, entwickeln Phantasiesilben und -worte, beginnen Melodien zu singen, die sie noch nie gehört haben.
Ein Kind ist sehr schnell in der Lage, alle Stimmtechniken zu beherrschen, die möglich sind. Stimme wird so zur Stimmung: Präsenz, Überzeugungskraft, Schmeichelei, Traurigkeit, Angst und Freude können ausgedrückt werden.

Mit diesem Buch können Sie Ihrem Kind helfen, die Lebendigkeit und Vitalität der Stimme zu fördern und bis ins Erwachsenenalter zu bewahren. Sie finden Erklärungen zur Entwicklung der kindlichen Stimme, zum Aufbau des Ohres, zur Funktion der Stimmbänder und der Atembewegung. Viele Spiele und einfache Übungen helfen, den Atem zu unterstützen, den Körper zu lockern, die Sinne zu schärfen, Stimme wahrzunehmen und zu entfalten und damit Potentiale freizusetzen. Dazu gibt es zwischendurch immer wieder Liedbeispiele. Am Ende des Buches finden Sie ein paar Tips zu Stimmproblemen.

Mit Atem- und Stimmübungen zu mehr Selbstbewußtsein

Es ist empfehlenswert, sich in etwa an die Reihenfolge der Kapitel zu halten, denn die Übungen bauen aufeinander auf. Grundlage bilden Atem- und Körperübungen, es folgen die vielen Anleitungen zur »Mundgymnastik«. Sie sind besonders wichtig, weil viele Kinder dazu neigen, undeutlich zu sprechen. Wenn Sie diese Vorübungen hinter sich haben, kann der spielerische Umgang mit Lauten und Klängen am eigenen Körper beginnen. Sehr schnell werden Sie spüren, wie sich durch die Übungen an der Stimme auch die Persönlichkeit verändert.

Durch Lebenskrisen, Lärm und übermäßigen Musikkonsum haben viele Menschen den Kontakt zu ihrer Stimme verloren. Nur wenige trauen sich zu singen, weil sie meinen, sie könnten es nicht. Doch Singen ist – genau wie Sprechen – eine natürliche Lautäußerung, mit der jeder Mensch auf die Welt kommt. Ich stelle immer wieder fest, wie schnell das Vertrauen in die Stimme wächst, wenn man den Mut hat, Klang frei zu geben und los zu lassen. Vielleicht ist dieses Buch auch für so manchen Erwachsenen eine Möglichkeit, durch die Mithilfe der Kinder wieder an den eigenen Stimmklang herangeführt zu werden. Doch das darf nie in Arbeit ausarten. Der spielerische und kreative Umgang mit der Stimme ist Voraussetzung für den Erfolg.

München, im September 1995, *Annette Cramer*

Mehr als alle anderen Stimmen bedeutet dem Kind die Stimme seiner Mutter.
Längst vor der Geburt, etwa zwischen dem fünften und sechsten Schwangerschaftsmonat reagiert das Ungeborene bereits freudig erregt auf die mütterliche Stimme.

Stimme, Stimmung und Persönlichkeit

Zum ersten Eindruck, den man von einem Menschen gewinnt, gehört nicht zuletzt seine Stimme. Die Erfahrung hat uns gelehrt, daß Stimmen – anders als Worte – untrüglich sind.

Kein Instrument ist so ausdrucksfähig wie die menschliche Stimme: Sie kann besänftigend wirken, aggressiv, matt, energisch, vital, gehemmt, überzeugend. In der Stimme äußert sich der momentane Zustand des Menschen: seine Lebenslust, seine Müdigkeit, seine Krankheit. Wie oft sagen wir am Telefon: »Was ist los mit dir, du klingst so matt?«
Kein Wunder, daß die Stimme eine große Rolle als Sympathieträger spielt, das zeigt sich schon bei Säuglingen. Manche beginnen zu weinen, wenn man mit ihnen spricht, manche werden ganz aufmerksam, man kann förmlich sehen, wie sie ihre Ohren aufstellen.
Und wir alle kennen dieses Gefühl vom Telefon: Da spricht jemand mit uns, den wir noch nie gesehen haben, aber die Stimme ist uns gleich so sympathisch, daß sofort eine positive Schwingung entsteht, man versteht sich.

Was die Stimme verrät

Stimmen geben Aufschluß über die Menschen, über ihre seelische Verfassung, ihr Selbstbewußtsein, ihren energetischen Zustand, ihre Stimmung.
In der Fünf-Elementen-Lehre der traditionellen chinesischen Medizin wird von einigen Ärzten auch der Stimmzustand mit berücksichtigt. Eine Kunst für sich, denn diese Art der Diagnose braucht ein geschultes Gehör.
Eng verbunden mit den Funktionen des Hörens, des Sprechens, des Singens und des Atmens sind sämtliche

Muskelgruppen im Körper. Je weicher, je flexibler der Körper, desto klarer und ausdrucksfähiger die Stimme. Oder andersrum: Je deutlicher, je klangvoller die Stimme, desto besser ist die Körperhaltung und die eigene Wahrnehmung für den Körper.
Stimme ist also ein großes, umfassendes Thema. Nicht umsonst prägt die Stimme einen Menschen, ist Stimmung verantwortlich für Stimme.

Stimme fördern heißt Persönlichkeit fördern

Untersuchungen haben gezeigt, daß sich durch die Arbeit an der Stimme weit mehr verändert als nur die Stimme selbst. Persönlichkeit kommt von per-sonare = durchklingen. Das heißt, in der Stimme klingt unser Selbst durch. Mit dem Freilegen der echten Stimme kann unser echtes Selbst heraustreten, können wir uns wirklich entfalten.

Je mehr Vertrauen Kinder in ihre Stimme setzen können, desto leichter fällt es ihnen, vor anderen zu sprechen und sich durchzusetzen.

Gesangsstudenten haben berichtet, daß sie durch den Umgang mit der Stimme Hemmungen abbauen, spontaner Gefühle äußern, ihre Ausdrucksfähigkeit verbessern konnten. Sie wurden kontaktfreudiger und kommunikativer. Die ganze Persönlichkeit wird harmonisiert und stabilisiert. Ein wunderbarer Prozeß für einen Menschen, der sich darauf einlassen kann. Es ist eine große Chance, schon als Kind mit seinem eigenen Stimmpotential in Kontakt zu kommen. Denn freies, ungehemmtes deutliches Sprechen stärkt das Selbstbewußtsein.
Ein Schüler, der vor der Klasse antworten muß, dabei kaum seine Zähne auseinanderbringt oder extrem leise spricht, macht einen vollkommen anderen Eindruck als der, der seinen Mund öffnet, klar und deutlich spricht, ohne dabei laut zu werden. Bei ihm haben alle den Eindruck: Dieser Schüler weiß, was er sagt, und er weiß, was er will.

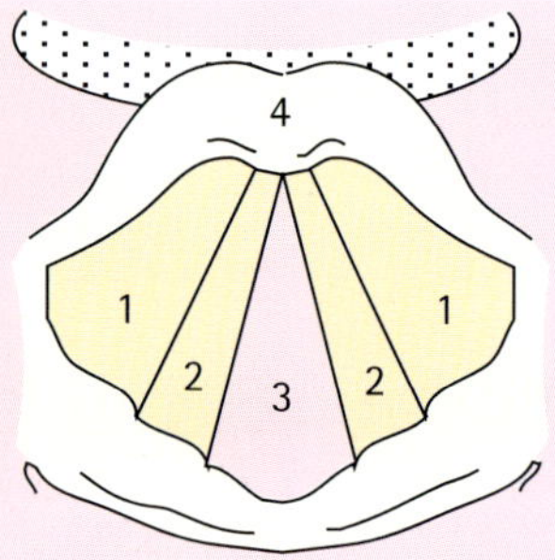

1 Taschenfalte   4 Kehldeckel

2 Stimmlippen   3 Stimmritze (Glottis)

So sieht es aus, wenn der Stimmarzt oder Phoniater mit Hilfe eines kleinen Spiegels den Kehlkopf von oben betrachtet. Dabei achtet er auf Form, Farbe und Struktur der Stimmlippen und auf ihre unterschiedlichen Stellungen bei Atmung und Stimmgebung.

Wie die Stimmbänder funktionieren

Beim Sprechen oder Singen werden zwei Muskelbänder im Hals zum Schwingen gebracht: die Stimmbänder. Sie liegen weiß schimmernd an den Innenseiten des Kehlkopfes. Genauer müßte man von Falten sprechen, denn sie sehen aus wie zwei bänderartige Erhebungen. Man spricht deshalb auch von Stimmlippen.
Wenn wir ruhig atmen, liegen sie vollkommen still und bilden durch ihre gleichschenkligen Seiten ein Dreieck – die Stimmritze –, durch die Atemluft zu den Lungen gelangt. Je stärker wir atmen, desto weiter öffnet sich die Stimmritze. Sobald wir sprechen, werden die Muskeln an der Innenseite des Kehlkopfes aktiviert, sie bringen die Stimmbänder in eine Spannung, bis sie sich fast berühren. Die Stimmritze ist jetzt fast geschlossen. Die Bewegungen der Stimmbänder beim Sprechen sind minimal und erzeugen doch schon so facettenreiche Geräusche.

Hohe Töne brauchen mehr Spannung

Wird der Ausatem beim Sprechen verlängert, kommen wir ins Tönen: Die Stimmbänder werden in Schwingungen versetzt, ein Ton entsteht.
Resonanzräume in unserem Körper wie Rachen, Mund, Nase, Stirnhöhlen und Brustraum verstärken den Ton. Die Stimmbänder des Mannes sind etwas länger, sein Kehlkopf etwas größer als bei der Frau – daher seine tiefe Stimme.
Durch unterschiedliche Spannung der Stimmbänder werden unterschiedliche Töne erzeugt. Hohe Töne brauchen eine stärkere Spannung, also auch mehr Druck, tiefere eine geringere Spannung. Das ist ein Grund, warum es so schwer ist, ganz hohe Töne besonders leise zu singen und tiefe Töne sehr laut.

Wie singen eigentlich Vögel?

Vögel haben keine Stimmbänder. Sie musizieren mit dem sogenannten unteren Kehlkopf, einem Organ, das dem Menschen fehlt. Dieser untere Kehlkopf hat zwischen seinen Knorpeln Membranen, kleine Häutchen, die sehr schnell anfangen zu vibrieren. Sobald Luft vorbeistreicht, beginnen die Membranen zu schwingen und Klänge zu erzeugen. Die Mensur, d. h. das Verhältnis von Länge zu Durchmesser der Luftröhre, entscheidet über Klangfarbe, Lautstärke und Tonhöhe.
Wenn eine Singdrossel einmal anfängt zu singen, dann hört sie so bald nicht auf. Woher sie ihren Einfallsreichtum nimmt, wissen wir nicht, aber man weiß, woher sie ihre Luft nimmt: Vögel haben Luftsäcke, die etwa ein Drittel des Vogelkörpers ausmachen. Dieser riesige Atemvorrat erklärt auch, warum die Vogelstimmen oft über große Entfernungen zu hören sind. Kuckuck und Rohrdommel z.B. kann man noch aus drei Kilometern hören.

Obwohl sie keine Stimmbänder haben, musizieren Vögel in den schönsten Tönen. Dafür sorgen viele kleine Membranen und ein besonders großes Atemvolumen.

Die Lautgebärde – wenn Töne und Bewegungen zusammenfließen

Auch heute noch gibt es Völker, die sich durch Laute und Gebärden verständigen. Die Aborigines in Australien messen anhand der Länge eines Liedes sogar räumliche Distanzen aus.

Den Ursprung hat das Singen in der Lautgebärde. Die Lautgebärde hat sich nicht aus der Sprache entwickelt. Sie ist ein Zusammenspiel zwischen
- Körperbewegung,
- Ton und
- Lautäußerung (eine Silbe oder ein Vokal).

Wenn Kinder vor sich hinsummen: mm-mm-mmmmh- und sich dabei selbstvergessen leicht bewegen, dann ist das eine Lautgebärde. Auch das Orten mit der Stimme, das räumliche Erfassen, das Rufen und Schreien wird als Lautgebärde bezeichnet.

Die Botschaft liegt in den Tönen

Das Jodeln von Berg zu Berg z. B. war früher tatsächlich Verständigung über räumliche Entfernungen hinweg mit Hilfe der Stimme.

Bei der Lautgebärde liegt der Sinn nicht in den Worten, die es deshalb auch nicht gibt, sondern in der Wahl und Anordnung der Töne und Silben oder Vokale. Singen ohne Text ist eine Ausdrucksweise, die schöpferisch und dazu manchmal informativ ist.

Sprechen und Singen haben einen unterschiedlichen Ursprung

Die unterschiedlichen Wurzeln von Gesang und Sprache zeigen sich zunächst in der Art der Schwingung. Gesang weist eine gleichmäßige Schwingung auf – so wird er zur Musik. Sprache dagegen eine ungleichmäßige. Sprache fällt deshalb in den Bereich des Geräusches. Auch im Alltag können wir sehr deutlich zwischen Geräuschen und Tönen unterscheiden.
Der Geräuschsinn und der Tonsinn liegen im Gehör zwar unmittelbar nebeneinander, arbeiten aber unabhängig voneinander.
Ein Mensch, der nicht mehr sprechen kann, kann immer noch singen, ein Mensch, der nicht singen kann, kann immer noch sprechen.

Das Kunstlied hat das spontane Singen verdrängt

Die Unabhängigkeit der beiden Funktionen von Singen und Sprechen wird von der bilateralen Anlage im Gehirn gesteuert. Demzufolge wird Sprechen, der mehr rationale Vorgang, von der linken Gehirnhälfte bestimmt. Singen, als ein mehr emotionaler und kreativer Vorgang, von der rechten.
Wort und Melodie haben sich erst später vereint und als das Lied zur Kunst wurde, entwickelte sich das spontane, das ursprüngliche Singen zurück.
Sprechen und Singen sind also zwei vollkommen unterschiedliche Lautäußerungen – und doch gehören sie heute untrennbar zusammen.

Jedes Kind hat seine individuelle Lebensmelodie

Schon mit drei Jahren kann ein Kind Melodien oder Melodiefragmente singen. Sie beschränken sich meist auf

Einfach einmal Stimme Klang werden lassen und spontan irgendwelche Phantasiesilben dazugeben, dazu noch ein bißchen Rhythmus und ein wenig Körperbewegung – schon kann die Lautgebärde herausgelockt werden.

Kinder singen gern und oft, wenn sie dabei nicht gestört werden. Die Aufforderung, lieber ein »richtiges« Lied zu singen als nur ein selbstgemachtes, hemmt den spontanen Umgang mit der Stimme.

wenige Töne, die im Umfang der hohen Kleinkindstimme liegen. Besonders bevorzugtes Intervall ist die sogenannte Rufterz, die Kuckucksterz. Das liegt sicher daran, daß die Terz Signalfunktion hat, denn mit der Rufterz wird das Kind beim Namen gerufen.

Selbsterfundene Kinderlieder

Diese kleinen Melodien üben einen starken Reiz auf das Kleinkind aus, besonders dann, wenn sie sozusagen von selbst entsprungen sind. Es wiederholt dann ständig diese Melodien, benutzt allerdings dazu keine Worte, sondern nur Silben oder Phantasieworte. Oft bewegt es sich auch dazu, entweder fährt es mit dem Dreirad oder Roller und trällert dabei ständig dieselben Phrasen vor sich hin oder es buddelt im Sandkasten und summt dazu immer dasselbe.

Auch das sind »Lieder«, die in den Bereich der Lautgebärde fallen. Sie sind aus dem unbewußten Ursprung des Kindes entstanden und können später einmal als »helfende Melodie« von großem Nutzen sein.

Das Urlied des Kindes

Was ein Kleinkind mit zwei oder drei Jahren an Tönen und Silben äußert, gehört zu seiner Lebensmelodie, zu dem, was in seinem tiefsten Inneren schwingt und ganz ungehemmt ohne Einsatz des Verstandes heraus kann. Leonard Bernstein nannte es Urlied, andere Musiker sprechen von Schutz- oder Lebensmelodie, von amorphem Gesang, von Ur-Motiven. In allen Kulturen auf der ganzen Welt findet man Kleinkinder, die ihr Ur-Lied wiedergeben.

Schreiben Sie auf oder nehmen Sie auf Tonband auf, was Ihr Kind jetzt von sich gibt. Ganz egal, wie schräg es klingt und wie komisch die Silben sind. Es ist eine Chance, die nie wieder im Leben auftritt. Denn mit dem Eintritt in die Schule wird der Intellekt geschärft, das ungehemmte Singen in Bahnen geleitet.

Egal, wie es klingt, was Ihr Kind jetzt an Tönen herausläßt. Schreiben Sie es auf oder besser noch: Halten Sie das Lebens- oder Urlied auf Tonband fest. Es kann zur lebensrettenden Medizin werden.

Die Urmelodie als Lebensretter

Diese kleinen Melodien können vielleicht einmal lebensrettend sein. Längst nutzen Musiktherapeuten diese Möglichkeit, um z. B. Komapatienten aus ihrem Zustand zurückzuholen. Sie singen ihnen ihre Kinderlieder vor, spielen Geräusch- und Melodiefragmente, die ganz eng mit dem Leben des Kranken verbunden sind. Die Erfolge damit sind sehr groß, denn Musik und Geräusche wandern über das Ohr in das Gehirn, ohne dabei den Verstand einzuschalten. Sie dringen ins Unbewußte ein, lösen dort Reaktionen aus und können Menschen an der Schwelle zwischen Leben und Tod wieder zurückrufen.

Das menschliche Ohr – ein Wunderwerk

Wir können Mund und Augen schließen, ohne dabei die Hände zu benutzen. Die Ohren aber können wir ohne die Hilfe der Hände nicht verschließen. Das zeigt schon, wie stark wir auf der einen Seite Geräuschen, Stimmen und Tönen ausgesetzt sind, andererseits aber auch, daß unser Gehör eine ganz besondere Bedeutung hat, wenn wir es nicht willkürlich schließen können.

Da unsere Ohren hochempfindlich sind, sollten wir schon bei Kindern darauf achten, daß Ruhe und Stille nicht zu kurz kommen. Auch für Erwachsene ist es besser, wenn nicht ständig ein Radio im Hintergrund dudelt.

Ein hochsensibles Organ

Das Ohr ist das feinste und sensibelste Organ, das wir haben. Die meisten Nervenzellen sitzen im Ohr und seine Fähigkeiten übertreffen das Auge um ein vielfaches. Nur ein Beispiel: Wenn wir uns ein Bild anschauen, nehmen wir die Farben so wahr, wie wir sie sehen. Dabei sind sie oft aus vielen anderen Farben zusammengemischt worden. Das Ohr dagegen ist in der Lage, mehrere Geräusche nebeneinander zu registrieren: das vorbeifahrende Auto, das rufende Kind, das eingeschaltete Radio, die laufende Waschmaschine. Oder Musik: Wir können mehrere Instrumente im Orchester heraushören, und gleichzeitig nehmen wir den Klang als Ganzes wahr.

Wie unsere Ohren funktionieren

Das Ohr besteht vereinfacht aus der Ohrmuschel, dem äußeren Gehörgang, dem Trommelfell, Hammer, Amboß und Steigbügel und der Cochlea, der Schnecke mit Bogengängen.
Die Hebel und Zäpfchen, die die Schwingungen des

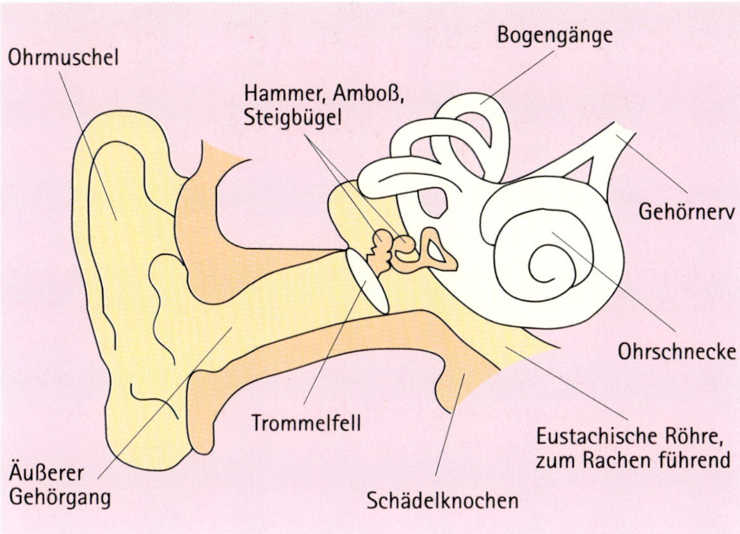

Zwischen dem menschlichen Ohr und dem Gehirn besteht eine enge Zusammenarbeit. Das Hirn entscheidet, was mit der aufgenommenen Information geschieht, mit welchen Gefühlen, welchem Verhalten reagiert wird.

Trommelfells an das Innenohr übermitteln, sind von einer phantastischen Empfindsamkeit. Das leiseste Geräusch, das wir hören können, versetzt das Trommelfell in eine Schwingung mit einer Amplitude von einem hundertmilliardstel Zentimeter. Der Druck wird um das Zwanzigfache verstärkt und an die Flüssigkeit des Innenohrs weitergeleitet – bei lauten Geräuschen vermindert.
Die Sinnesrezeptoren befinden sich innerhalb einer spiralförmigen Schnecke, der Cochlea, die zweieinhalb Windungen aufweist. Ca. 24 000 verschieden lange Härchen sind mit den Rezeptorzellen verbunden. Ein Ton, der vom Trommelfell zur Cochlea geleitet wird, versetzt die Flüssigkeit in der Schnecke in Schwingungen. Die Schwingungen übertragen sich auf die Härchen. In dem Moment werden Nervenzellen aktiviert, die die Impulse an das Gehirn weiterleiten. Innerhalb des Gehirns durchläuft der Impuls dann ein komplexes Schaltsystem mit zahlreichen Rückkoppelungsschleifen und Signaldämpfern. Ein kompliziertes System, das immer noch nicht ganz erforscht ist.

Was wir an Schwingungen mit dem Ohr hören können, liegt zwischen 16 und 20 000 Hertz, das sind zwischen 16 und 20 000 Schwingungen in der Sekunde.

Hören und orientieren

Kinder haben oft so feine Ohren, daß sie sogar Fledermäuse hören können. Doch die Fähigkeit, in dem Bereich der hohen Frequenzen zu hören, nimmt mit zunehmendem Alter ab.
Das Ohr ist nicht nur für das Hören verantwortlich, sondern auch für die Orientierung zuständig. Es vermittelt uns ein Raumgefühl. Wir hören, ob wir in einer Halle sind oder in einem Zimmer mit Teppichboden. Wir hören, aus welcher Richtung wir gerufen werden oder wo eine Tür geschlagen hat.

Schon im Alter ab etwa 16 Wochen kann das Ungeborene im Mutterleib Geräusche wahrnehmen. Jetzt beginnt die vorgeburtliche Prägung des Hörens.

Hören beginnt schon im Mutterleib

Nicht die Geburt ist der Beginn sprachlicher und musikalischer Erfahrungen, sondern der Moment, in dem sich das Gehör des Ungeborenen entwickelt, ein Prozeß, der mit ungefähr fünf bis sechs Monaten abgeschlossen ist. Geräusche können schon mit vier Monaten wahrgenommen werden. Wie aber hört ein Embryo? Seine Welt im Mutterleib ist umgeben von Fruchtwasser, Gedärmen und anderen Organen, Bindegewebe und Haut. Alle Geräusche, die von außen auf den Embryo eindringen, werden stark gedämpft. Doch er hört immer noch viel, sehr viel: das Pochen des Herzens, das Gluckern in den Därmen, das Knurren des Magens.

Fast 90 Prozent aller Säuglinge hören innerhalb von Sekunden mit dem Schreien auf, wenn sie mit der intrauterinen Geräuschkulisse konfrontiert werden. Stimmen hört ein Embryo so verändert, daß er die Unterschiede von

Frauen- und Männerstimmen nicht wahrnimmt. Trotzdem kann er Stimmen schon deutlich erkennen und von anderen unterscheiden. Und zwar durch die Sprachmelodie. Dies gilt natürlich vor allem für die Mutterstimme, die über die Haut und die Organe am direktesten auf das Ungeborene einwirkt. Gleich nach der Geburt können Säuglinge eindeutig die Stimme ihrer Mutter von anderen Stimmen unterscheiden.

So fördern Sie Ihr ungeborenes Kind

Musik wird während der Schwangerschaft sehr differenziert wahrgenommen. Untersuchungen haben gezeigt, daß die Hitliste angeführt wird von den sanften Klängen Vivaldis und Mozarts.

Spielt man Ungeborenen immer wieder eine bestimmte Melodie vor, dann prägt sie sich ein. Das Baby beruhigt sich sofort, wenn es nach der Geburt »seine« Musik aus der Zeit der Schwangerschaft hört.

Alle Musikstücke, die während der Schwangerschaft vorgespielt wurden, haben starken Wiedererkennungswert. Untersuchungen haben gezeigt, daß sich schreiende Säuglinge sofort beruhigen, wenn man ihnen die Stücke aus der Zeit der Schwangerschaft vorspielt. Das gilt auch und ganz besonders für die Lieder, die während der ersten neun Monate gesungen wurden. Diese Melodien haben sich so stark eingeprägt, daß sie ein Mensch in seinem ganzen Leben nicht mehr vergessen wird.

Die Musik, die Sie während der Schwangerschaft hören, sollte sorgsam ausgesucht werden und keinesfalls elektronisch erzeugt sein. Vor allem das Hören von klassischer Musik mit traditionellen Instrumenten erhöht später einmal die Musikalität und die Konzentration der Kinder.

Eltern können schon während der Schwangerschaft starken Einfluß auf die späteren Hörgewohnheiten ihres Kindes nehmen. Denn Geräusche und Töne sind der einzige Kontakt, den ein Ungeborenes nach außen hat – ein prägender Kontakt. Musik sollte in diesen neun Schwangerschaftsmonaten allerdings besonders sorgfältig ausgewählt werden. Wenn eine Schwangere jeden Tag nur ein paar Minuten entspannende, positive Musik hört – von natürlichen Instrumenten erzeugt –, wird sie nicht nur sich selbst und ihr Ungeborenes beruhigen, sie legt die Wurzeln für Musikalität und ein lebenslanges Interesse an Musik.
Vor allem ab dem zweiten Lebensjahr zeigt sich bei vorgeburtlichem Hörtraining ein besseres musikalisches Gedächtnis für Melodie und Rhythmus, die Konzentrationsfähigkeit ist groß, Klänge und Geräusche können besser imitiert werden und die Fähigkeit, Melodien nachzusingen, setzt sehr viel früher ein als bei anderen Kindern.

Wiedererkennen von Sprache

Besonders sensibel und intensiv aber reagieren Ungeborene auf Sprache. Sprachstrukturen und Rhythmen werden sofort nach der Geburt wieder erkannt. Eine intensive Kommunikation mit dem Embryo fördert später die Sprachentwicklung.

Liest die Mutter dem Ungeborenen während der Schwangerschaft von Zeit zu Zeit dieselbe kurze Geschichte vor, dann hört der Säugling nach der Geburt diese Geschichte aus anderen Geschichten und aus anderen Sprachen heraus und bevorzugt sie vor allen anderen.

Der Mensch spricht so wie er hört

Auch für unser Sprechen und Singen ist das Ohr maßgeblich. Denn entscheidend für die Qualität unserer Lautäußerung ist, wie wir uns selbst hören. Zwischen Gehör und Stimme besteht eine enge Beziehung. Durch gezielte Hörübungen und akustische Stimulation, eine Art Mikrogymnastik für die Müskelchen im Mittelohr, kann man die Stimme ganz bewußt fördern. Andererseits ist aber auch die Stimme für das Hören verantwortlich. Besonders gut in hohen Lagen können die Engländer hören. Das liegt an ihrer Sprache, die sehr viele Zischlaute enthält. Im s, sch, z, oder dem th sind Obertöne enthalten, die bis zu 20 000 Hertz gehen.

Familien prägen eine Art eigener Familienmelodie aus. Sie benützen nicht nur häufig die selben Worte, auch die Art, wie sie ausgesprochen werden, ist »gefärbt«. Häufig werden daher Familienmitglieder gleichen Geschlechts am Telefon miteinander verwechselt.

Hörübungen für Kinder

Elefantenohren

Gegen Hörprobleme gibt es eine einfache, sehr wirksame Übung. Das Kind setzt sich auf einen Hocker. Sie stellen sich dahinter, legen Ihre Hände flach neben die Ohrmuscheln, ohne sie zu berühren. Bewegen Sie sie dann in kleinen Spiralen im Uhrzeigersinn nach außen und lassen Sie die Spiralen allmählich größer werden. Setzen Sie in der äußersten Spirale Ihre Hände ab (etwa einen halben Meter neben den Ohren) und beginnen Sie von vorn. Das wiederholen Sie etwa fünfmal. Wenn es sich nicht um gravierende Hörprobleme handelt, wachsen Ihrem Kind jetzt Elefantenohren!

Konzentrieren Sie sich bei dieser Übung auf die Ohren Ihres Kindes und auf die Wärme, die zwischen Ihren Handflächen und den Ohrmuscheln entsteht. Ihr Kind hört hinterher noch viel feiner und deutlicher.

Achtung Aufnahme!

Spricht Ihr Kind undeutlich oder zu leise? Dann holen Sie Kassettenrekorder, Kopfhörer und Mikrofon heraus. Lassen Sie es ins Mikrofon einen Text sprechen oder ein Lied singen und nehmen Sie es auf. Dann wiederholen Sie das Ganze, aber setzen Sie Ihrem Kind dabei Kopfhörer auf, so daß es sich selbst hören kann. Vergleichen Sie die beiden Aufnahmen, Sie werden überrascht sein, wie stark sich die Stimme durch die Benutzung der Kopfhörer verändert hat! Sie sollten diese Übung mehrmals in der Woche wiederholen und vor allem auch mit Liedern in die hohen Tonlagen gehen.

Wenn Kinder sich selbst hören können, bekommen Sie einen völlig neuen Zugang zu ihrer eigenen Stimme.

Der Tonspiegel

Singen Sie einen Ton vor, den das Kind nachsingen soll. Dann zwei, dann drei. Verbinden sie wenige Töne – auf keinen Fall mehr als fünf – zu einer Melodie und verändern Sie die Melodie rhythmisch. Zum Beispiel:

Dann wechseln Sie. Auch das Kind darf sich etwas für Sie überlegen!

Klassik? Warum nicht!

Kinder mögen Klassik. Besonders natürlich, wenn Sie sie vielleicht noch während der Schwangerschaft daran gewöhnt haben.

- Legen Sie eine Klassik-CD mit langsamer Musik auf.
- Hören Sie gemeinsam die Melodie.
- Singen Sie zusammen das nächste Mal die Melodie mit. Lassen Sie zusätzlich einen Kassettenrekorder laufen, benutzen Sie das Mikrofon, und hören Sie hinterher Ihre Stimmen zu der klassischen Musik an.
- Legen Sie sich beide auf einen weichen Teppich, und bewegen Sie sich nach der langsamen Musik. Was wollen die Füße dabei tun? Wie will der Rücken sich bewegen? Wie die Arme? Und der Kopf? Gibt es eine Stelle, bei der Sie aufstehen und sich intensiver bewegen möchten? Ihrem Kind wird das vermutlich leichter fallen als Ihnen, weil es nicht so viel mit dem Kopf steuert, sondern sich besser von der Musik treiben lassen kann. Schicken Sie das Ohr in die Füße, die Hände, den Rücken, den Nacken.
- Nehmen Sie das Kind bei den Händen, und bewegen Sie sich gemeinsam mit geschlossenen Augen. Wenn die Musik vorbei ist, öffnen Sie die Augen, und schauen Sie, wo Sie gelandet sind!

Die Größe des Glases und die Menge des Wassers bestimmen den Ton. Allein das Ohr entscheidet, ob Wasser fehlt oder nicht.

Wo bist du?

Eine Lokalisierungsübung, die Sie immer mal wieder im Alltag einbauen sollten:

- Stellen Sie sich ca. zwei Meter hinter das Kind, und sprechen Sie mit ihm, ohne daß es Sie sieht. Stellen Sie sich mal mehr nach links, mal mehr nach rechts. Das Kind soll nun orten, woher Sie sprechen.

Gläserspiel

Wenn Ihr Kind schon ein paar einfache Lieder kennt, füllen Sie Gläser mit Wasser – stellen Sie die Wasserkanne daneben, um nachzufüllen oder zurückzugießen –, und suchen Sie gemeinsam die Melodie des Liedes.

Lassen Sie das Kind dann mit einem Löffel die Melodie auf den Gläsern spielen oder auch neue Melodien zusammenstellen.

Das Summspiel

Summen Sie Geräusche mit, die Sie umgeben, und fordern Sie Ihr Kind auf, das auch zu tun. Wenn Sie zum Beispiel im Bus unterwegs sind, dann versuchen Sie mal, genau den Ton des Motorengeräusches zu treffen oder den des ICEs oder den der Kirchenglocken, der Schafe, der quietschenden Fahrradbremse. Wenn man genau hinhört, kann man sogar manchmal aus dem Hundegebell Melodien heraushören! Auch bei lästigen Geräuschen empfiehlt es sich, hineinzuhören und mitzusummen. Das nimmt ihnen sofort das Quälende.

Die Natur hält viele Töne und Geräusche bereit, wenn wir uns genug Zeit nehmen, um hineinzuhorchen.

Naturgeräuschen lauschen

Hören Sie in die Natur. Machen Sie Ihr Kind aufmerksam auf Geräusche des Windes, der Wellen, der rauschenden Bäume, des Regens. Wenn es Mühe hat, schaffen Sie ihm vorher Elefantenohren (s.o.).

Was tun bei Ohrgeräuschen?

Geräusche im Ohr können Alarmsignale sein, sie können aber auch durchaus Zeichen für eine gesunde Ohrreaktion sein. Krankhaft sind sie dann, wenn sie nicht mehr verschwinden. Vor allem Kinder haben oft Ohrgeräusche, die gesunde Reaktion eines gut funktionienden Hörorgans. Kinder sind sogar in der Lage, die hohen Frequenzen ihres Gehirns im Ohr wahrzunehmen. Kritisch wird es, wenn Geräusche lästig, laut werden und nicht mehr verschwinden. Dann sollten Sie einen Hals-Nasen-Ohren-Arzt aufsuchen.

Das erste Wort, der erste Satz

Ständig nimmt ein Baby Kontakt zur Mutter auf. Es lallt, juchzt, schreit, die Anfänge des Singens und Sprechens. Eine Mutter hört sofort, ob ihr Baby zufrieden ist oder ob ihm etwas fehlt.

Sprache und Kommunikation sind lebenswichtig für den Menschen. Kaiser Friedrich II., der sich sehr für Kultur und Sprache interessierte, wagte ein Experiment, das grausam endete. Er wollte herausfinden, welche Sprache im Menschen ursprünglich angelegt ist. Seine Vermutung war, daß es Hebräisch sein müßte. Er wählte eine repräsentative Gruppe von Ammen und Neugeborenen aus und befahl unter Androhung von Strafe, daß diese kein Wort mit ihren Babys sprechen dürften. Außerdem mußten sie ihre Gesichter mit einem Schleier verhängen, damit keine Mimik zu sehen war. Das Ergebnis: Alle Babys starben.

Lallen, Juchzen, Schreien

Säuglinge können noch nicht sprechen. Der Kehlkopfdeckel liegt noch so weit oben am Gaumen, daß es unmöglich für ein Neugborenes ist, Worte herauszubringen. Allerdings hat die Nähe des Kehlkopfs zu den Nasenöffnungen einen großen Vorteil: Ein Säugling kann – wie die meisten Säugetiere – gleichzeitig atmen und schlucken. Damit besteht keine Gefahr des Verschluckens, die entsteht erst, wenn der Kehlkopf langsam abwärts wandert.

Das Lallen

Wenn ein Baby vor sich hinlallt oder unverständlich murmelt, dann bewegt es meist dazu auch seinen Körper, die Hände, den Kopf, die Arme und Beine. Manchmal ist der ganze Rumpf in Aktion, zieht sich zusammen und auseinander – unwillkürliche Bewegungen, die mit den Laut-

äußerungen in engem Zusammenhang stehen. Es ist ein Tanz der Laute, der vom Körper mit übernommen wird und seinen Ursprung in der Lautgebärde hat.
Unsere Antwort auf dieses Lallen fällt ebenfalls in den Bereich der Lautgebärde und hat etwas ganz Ursprüngliches. Wir ahmen die Laute des Babys nach, um mit ihm Kontakt aufzunehmen.

Lallen – Kommunikation ohne Worte

Säuglinge lieben es, sich zu unterhalten, Stimmen spielen die weitaus größte Rolle. Besonders auf die Mutterstimme reagiert ein Baby mit heftigen Körperbewegungen, die oft wiederholt werden.
Es wäre für unsere Stimme und auch für unsere Seele gut, wenn wir ab und zu mal in das Lallen zurückfallen würden. Von Zeit zu Zeit geschieht das noch: in der Badewanne, beim Radeln, beim Wandern. Es ist ein Vor-sich-Hinträllern oder Summen, manchmal fallen uns auch spontan Melodien von Liedern ein. Wir zeigen unsere Zufriedenheit, sind im Einklang mit uns und der

Zwillinge oder Geschwister sind sich oft so nah, daß sie untereinander jedes Wort ihrer Baby- oder Kleinkindersprache verstehen. Erwachsene haben es da oft viel schwerer.

Untersuchungen haben gezeigt, daß sich die Sprachentwicklung deutlich verzögert, wenn die Bezugspersonen nicht die klaren Melodiekonturen des Babys beim Sprechen verwenden. Auch Gestik und Mimik reduzieren sich bei unserer gewohnten Sprechweise sofort, und das tut dem Baby gar nicht gut.

Welt. Lautäußerungen, wie sie ein Säugling täglich von sich gibt.
Wenn nach etwa 16 Monaten der Kehlkopf langsam nach unten gewandert ist, wird das Lallen zur Artikulation. Das Baby beginnt zu üben. Doch das Lallen spielt nach wie vor eine Rolle bis das Kind ca. vier Jahre alt ist.

Das Juchzen

Im Juchzen des Säuglings äußert sich die pure Lebensfreude. Der Juchzer setzt ganz hoch an und windet sich dann nach unten, es ist eine Äußerung hoher Erregtheit, Lust und Freude. Eine Ausdrucksform, die wir auch im Alter beibehalten. Beim Kind wird das Juchzen zum »Juhu«, beim Jugendlichen zum »Wow« oder »Yeah«, beim Erwachsenen schließlich bilden sich richtige Worte. Die Tonspirale, das Gleiten in der Stimmlage von oben nach unten aber bleibt: »Super«, »Klasse«, »Spitze«.
Nur im hohen Alter scheint es keine Juchzer mehr zu geben. Vielleicht wäre für viele alte Menschen das Leben ein bißchen leichter, wenn sie sich diesen Freudenausbruch mal gönnen würden...

Das Schreien

Was aber nun, wenn der Säugling schreit?
Schreien ist eine Ausdrucksform, die bei uns leider negativ besetzt ist. Dabei treten wir mit dem Schrei in die Welt. Schreien ist eine sehr gesunde Übung, um die Atmung, die Muskulatur und den Kiefernbereich zu stärken. Und gerade das ist es, was ein Säugling trainieren muß.
Es gibt große Unterschiede zwischen Schreien und Schreien. Eine Mutter spürt und hört sofort, wenn das Schreien ihres Babys ein schmerzliches Schreien ist – das geht dann meist ins Wimmern über.

Schreien kann die unterschiedlichsten Bedeutungen haben: »Hier bin ich – wo seid ihr?« – »Komm zu mir!« – »Ich habe Hunger!« – »Ich will nicht!« – »Ich bin jetzt müde!«- »Ich bin, ich fühle – ich muß mir dieses Gefühl von der Seele schreien!« Schreien ist oft nur eine Form, Existenz zu äußern, sich stark zu machen. Genauso wie beim Erwachsenen, auch er schreit im Gefühlsausbruch, um sich Mut zu machen, aus Angst, vor Schmerz, an den Grenzen seiner Existenz.

Was tun gegen schreiende Kinder?

Im Schreien des Babys äußert sich schon sehr früh der Charakter: »Der Erste war so ruhig und hat kaum geschrien, aber jetzt – der Zweite – Du liebe Zeit!« Dieser Zweite macht es seinen Eltern schwer, er braucht eben besonders viel Aufmerksamkeit, steht gern im Mittelpunkt. Hier ist es wichtig, sehr früh entsprechend zu reagieren bzw. nicht zu reagieren. Also nicht gleich rennen, wenn er wieder mal anfängt zu brüllen, auch wenn's schwer fällt und die Wände dünn sind. Eltern, die ihre schreienden Babies ständig beruhigen, werden zu Sklaven ihrer Kinder. Ein Schrei-Baby muß lernen, daß es auch andere Dinge gibt auf der Welt als nur die eigene pure Existenz. Es muß aber auch fühlen, daß seine Beschützer immer da sind, wenn sie wirklich gebraucht werden. Schrei-Babys reagieren sehr gut auf beruhigende Lieder und sanfte Musik.

Während Worte anregend wirken, wirkt Musik beruhigend. Oft kann man beobachten, wie das Baby plötzlich verstummt und nur noch hört. Erregte Lautäußerungen verlangen nach beruhigender Antwort, und genau das ist es, was man mit Musik, vor allem mit Liedern erreichen kann.

Da das Baby noch während der ersten neun Monate sehr stark gedämpft hörte und jetzt äußerst empfindsame

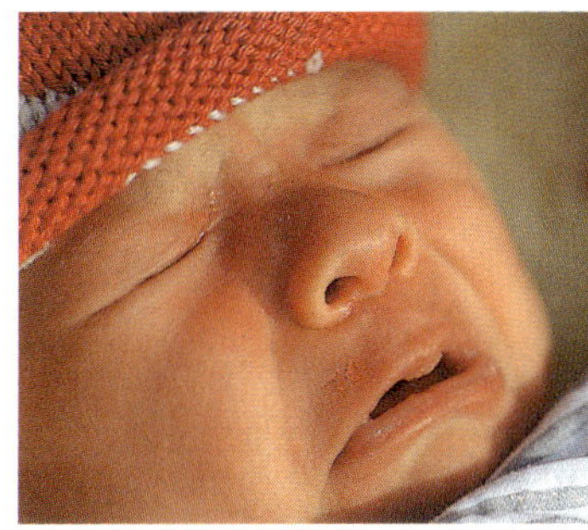

Schreien ist, neben der Mimik, zunächst das einzige Ausdrucksmittel des Babys. In dem Maße, wie andere Ausdrucksmittel gefunden werden, reduziert sich Schreien auf das Notwendige.

Sprechen lernt das Kind vom Hören und Schauen. Oft kann es Worte noch nicht mit Begriffen verbinden. Besonders unterstützend wirken daher Körperbewegungen und das Anfassen mit den Händen während des Sprechens.

Ohren hat, sollte darauf geachtet werden, daß alles ruhig, sanft und gedämpft geschieht.

So lernt Ihr Kind besser sprechen

Auch wenn das Baby noch sehr klein ist – die Unterhaltung ist der wichtigste Kommunikationsfaktor. Sobald dann die ersten Worte gebildet werden, sollten Sie jede Handlung mit Sprache verbinden: »So, jetzt ziehe ich Dir Dein Jäckchen an, rechter Arm, linker Arm. Schau mal die bunten Knöpfe, die machen wir noch zu, damit Du es warm hast. Erster Knopf, zweiter Knopf, dritter Knopf usw.«.

Wort und Bewegung

Sehr früh kann man auch schon mit Kinderreimen und Fingerspielen beginnen, die Worte mit Körperbewegungen verbinden:

Es war einmal ein Mann.
Mein Märchen fängt jetzt an.
Der hatte eine Hütte.
Mein Märchen ist in der Mitte
Der hatte auch ein Haus!
Mein Märchen ist jetzt aus!

Mit Händen und Fingern:

Kommt ein Mann die Treppe rauf *(mit den Fingern den rechten Arm und die rechte Schulter des Kindes entlangwandern),*
klopft an *(mit dem Zeigefingerknöchel an die Stirn klopfen),*
bimbam *(das rechte Ohrläppchen »läuten«)*
Guten Tag Madam! *(der Nasenspitze guten Tag sagen)*

Himpelchen und Pimpelchen gingen auf einen Berg *(Hände zu Fäusten schließen und die beiden Daumen herausgucken lassen).*
Himpelchen war ein Heinzelmann, *(rechter Daumen)*
und Pimpelchen war ein Zwerg *(linker Daumen).*
Sie blieben lange da oben sitzen
und wackelten mit den Zipfelmützen *(die beiden Daumen wackeln lassen!).*
Doch nach fünfundvierzig Wochen sind sie in den Berg gekrochen *(die Daumen in den Fäusten verstecken).*
Schnarchen dort in guter Ruh,
sei mal still und hör schön zu: ch ch ch!

Ein Morgenreim, der allen Babys Spaß macht:

Guten Morgen, ihr Beinchen! – Wie heißt ihr denn?
Ich heiße Hampel *(rechtes Bein)*
ich heiße Pampel *(linkes Bein).*
Das ist das Füßchen Übermut *(rechter Fuß),*
das ist das Füßchen Tunichgut *(linker Fuß)!*
Übermut und Tunichgut gehen auf die Reise *(Laufbewegungen nachmachen).*
Patsch durch alle Sümpfe, naß sind Schuh und Strümpfe! Guckt ein Mäuslein um das Eck', laufen alle beide weg!

Hallo, wer ist denn da?

Für viel Geld kann man den Kleinen viel Schund kaufen, der angeblich das Lernen, das Hören und Sprechen fördert. Die Spiele sind schlecht verarbeitet und schlecht recyclebar, da aus Plastik. Die Geräusche, die Stimmen und die Musik sind qualitativ so miserabel, daß die empfindlichen Ohren der Kleinkinder verdorben werden. Trotzdem – sie haben ihren Reiz, weil sie Taktiles mit Geräusch und Optik verbinden. Und kleine Kinder lieben diese Art der Beschäftigung sehr. Wie aber nun etwas Sinnvolles aus dem Riesenangebot heraussuchen?

Telefonspiele sind ein großer Renner, vor allem bei den ganz Kleinen. Viele telefonieren mit Wonne, bevor sie überhaupt richtig sprechen können. Tatsächlich haben diese Spiele einen Sinn: Hier muß gesprochen werden. Und natürlich muß man auch wählen und mit Zahlen umgehen.

Wenn Sie keine Chance haben, eines dieser Spiele von befreundeten Familien oder auf dem Flohmarkt zu bekommen, dann treffen Sie die beste Wahl mit Telefonspielen. Ein ausrangiertes Telefon tut es natürlich auch.

Möglichst echt macht am meisten Spaß

Aber schauen Sie beim Kauf genau hin: Viele Kindertelefone haben zwar alle Tasten von 0 bis 9, doch wenn man draufdrückt, speziell bei nachgemachten Tastentelefonen, bewegt sich oft die ganze Tastatur mit, weil alle Tasten miteinander verbunden sind. Das macht keinen Spaß. Oft sind die Tasten auch überhaupt nicht herunterzudrücken. Sehr aufwendige Kindertelefone sagen an, welche Zahl man gewählt hat. Achten Sie auch auf die Geräusche. Es sollten nicht zu viele sein, denn beim Telefonieren kommt es nun mal auf das Sprechen an!
Wenn das Kind so gut spricht, daß es schon mit der Oma oder der Freundin telefonieren kann, können Sie beginnen, mit Hilfe des Telefons das Zahlengedächtnis zu fördern. Telefonnummern haben alle ihren eigenen Klangcharakter.

Vom Wählen zur Unterhaltung

Zahlen kann man im Sing-Sang sprechen, wenn man sie einzeln nacheinander aufsagt. Also z. B.: »Eins Neun – Fünf Vier – Drei Acht« (dabei mit der Stimme rauf und runter gehen). Man kann sich auf diese Art und Weise sehr viel besser Zahlen merken als: »Neunzehn, Vierundfünfzig, Achtunddreißig.«
Sie können später am Telefon auch gemeinsam üben, wie man ein Taxi bestellt, jemandem zum Geburtstag gratuliert, wie man einfache Konversation mit einem Partner am anderen Ende der Strippe macht: »Wie ist denn das Wetter bei euch? Was macht Dein Husten? Was gibt es bei euch zu Essen?«

Bringen Sie Ihrem Kind zuerst die eigene Telefonnummer bei, dann allmählich auch andere, die vielleicht wichtig sind. Natürlich gehört zum Zahlenlernen auch das anschließende Wählen und das simulierte Gespräch.

Das erste Lied, der erste Text

Mit dem Eintritt in die Schule verliert das Kind einen Teil seiner Spontaneität und damit auch einen Teil seiner ungehemmten Ausdrucksweise. Die Bedeutung von Worten wird jetzt voll erfaßt, schon dadurch, daß das Kind lesen lernt.
»Richtige« Bücher lösen allmählich das Bilderbuch ab. Das Kind möchte selber in die Welt der Worte einsteigen. Es findet eine Überflutung an Neuem statt, viele Kinder flüchten jetzt vor den Fernseher, weil sie hier innerlich abschalten können, etwas präsentiert bekommen, ohne selbst kreativ zu sein.
Der Eintritt in die Schule verändert die Stimme, denn jetzt geht es um Selbstbehauptung. Wer in den Pausen am lautesten schreit, steht im Mittelpunkt, übernimmt manchmal sogar eine Art Führerrolle. Die zarte, leise Stimme hat es jetzt besonders schwer.
Lieder lernt das Kind in diesem Alter schnell, doch wenn zu Hause nicht viel gesungen wurde, hat es meist Hemmungen, vor der Klasse zu singen. Musiklehrer in der Grundschule müssen besonders feinfühlig sein, um mit Stimmschwierigkeiten und den vielen unterschiedlichen Persönlichkeiten fertig zu werden. Und sie müssen sich gründlich überlegen, ob und wen sie vorsingen lassen wollen.

Ein Kind, das sich verständlich ausdrücken kann, dabei den Mund öffnet und eine klare Stimme zeigt, wird viel leichter akzeptiert und findet schneller Freunde.

Das Hören wird vom Dur-Moll-System geprägt

- Zwischen fünf und sechs Jahren beginnt das Gefühl für Tonalität. Ein Kind kann jetzt deutlich hören, wenn ein Lied zuerst in der einen, dann in einer anderen Tonart gesungen wird. Die Fähigkeit des feinen und genauen Hörens und die Prägung des Gehörs nimmt dann Jahr für Jahr rapide zu.

- Mit acht Jahren kann ein Kind zwischen Dur und Moll unterscheiden.
- Mit neun Jahren kann es Dissonanzen hören.
- Mit zehn Jahren kann ein Kind Harmonien erkennen. D. h., es hört heraus, ob ein Lied unterschiedlich begleitet wurde, ob plötzlich innerhalb eines Liedes die Tonart gewechselt wurde.
- Ab ca. zwölf Jahren schließlich hört es Musik wie ein Erwachsener, mit »unseren« Ohren. Es kann sehr wohl unterscheiden zwischen »fremder« (z.B. chinesischer oder ägyptischer) Musik und unserem Musiksystem, das sich an der sogenannten Klassik mit dem 12-Ton-System orientiert.

Im Alter zwischen sechs und zwölf Jahren wird es also, was seine Hörgewohnheiten angeht, stark von seiner Umwelt geprägt.

Zuhören ist wichtig und macht Kindern Spaß. Sehr oft aber wird Zuhören durch Hinhören ersetzt. Erlebt ein Kind häufig Musikberieselung, wehrt es sich unbewußt durch Weghören. Leider ist Weghören aber eine Verhaltensweise, die das Kind dann auch auf andere Kommunikationsformen überträgt.

Viele junge Eltern kennen keine Singspiele oder haben sie längst vergessen. Dabei machen sie Kindern im Vor- und Grundschulalter besonders viel Spaß.

Gemeinsam hören, singen und spielen

Mit dem Eintritt in die Schule tauchen Kinder in die Welt der Vernunft und des Verstandes ein. Um weiterhin ein Ventil für ihre kindlichen Phantasien zu schaffen, flüchten sie sich in dieser Zeit in eine Traumwelt, wenn sie überfordert sind. Wird ihnen diese Traumwelt von außen – sozusagen als Ventil – angeboten, müssen sie sich diese Welt nicht mehr selber schaffen. Das bedeutet: Märchen, Fabeln, Sagen und Mythen auf Kassetten kaufen oder besser noch: vorlesen. Vorlesen hat so viele Vorteile, daß Kassetten nicht mehr mitkommen: Sie können Sätze wiederholen, sie können zwischendurch auf Fragen des Kindes antworten, sie können abbrechen, wenn Sie es für wichtig halten.

Sprech-, Sing- und Musikspiele

Die fleißigen Waschfrauen

Zu diesem Lied stehen alle Kinder in einer Reihe, eines ist Vorsänger und steht vor den anderen.

Alle Kinder singen: »Zeigt her eure Füßchen, zeigt her eure Schuh', und sehet den fleißigen Waschfrauen zu!« Dabei fassen sie sich an und tippen einmal mit dem rechten, dann mit dem linken Fuß auf den Boden. Dann singt der Vorsänger: »Sie waschen, sie waschen, sie waschen den ganzen Tag..«.
Dazu macht er die Waschbewegungen, die die Kinder nachmachen. Weitere Tätigkeiten können sein: Sie winden, sie trocknen, sie bügeln, sie klatschen, sie ruhen, sie tanzen…

Der Vorsänger wählt eine Tätigkeit, die er vorsingt und gleichzeitig vormacht. Die anderen müssen es nachmachen.

Die schwarze Köchin

Alle Kinder fassen sich an den Schultern und marschieren im Kreis. Eines wandert außen entgegengesetzt herum. Es singt: »Ist die schwarze Köchin da?« – Alle: »Nein, nein, nein!« Einzeln: »Dreimal muß ich rummarschiern, das vierte Mal den Kopf verliern, das fünfte Mal komm mit!« – dabei tippt es einem Kind auf den Rücken. Das löst sich aus dem Kreis und wandert mit ihm außen herum. Es wird so lange gesungen, bis nur noch ein Kind im Kreis wandert. Auf die Frage: »Ist die schwarze Köchin da?« antwortet es jetzt: »Ja, ja, ja!« Alle: »Da ist sie ja, da ist sie ja, da ist sie ja!« Das nächste Mal darf die schwarze Köchin allein außerhalb des Kreises marschieren.

Die Reise nach Jerusalem

Man stellt immer versetzt so viele Stühle nebeneinander wie Kinder da sind. Einer der Stühle wird zur Seite gestellt, so daß ein Kind keinen Platz hat. Suchen Sie dann eine Musik aus, die Kindern gefällt, und spielen Sie sie vor. Ganz plötzlich unterbrechen Sie die Musik. Alle Kinder müssen sich jetzt in Windeseile setzen, eines wird keinen Stuhl mehr bekommen und scheidet aus. Sieger ist derjenige, der zum Schluß übrig bleibt. Wer sich verfrüht setzt, ohne daß die Musik aufhörte, muß ausscheiden!

Es ist gar nicht so einfach, eine bestimmte Körperhaltung für eine Weile unbeweglich durchzuhalten.

Versteinern

Die Kinder laufen beliebig herum. Auf den Zuruf eines Kindes, ein Zauberwort, das sich alle vorher gemeinsam überlegen, bleiben alle Kinder wie versteinert stehen. Wer zittert, sich bewegt oder umfällt, muß ausscheiden.

Stille Post

Alle Kinder sitzen im Kreis. Eines denkt sich einen Satz und flüstert ihn dem Nachbarn zu. Der gibt ihn weiter.

Das geht so lange, bis der Satz wieder beim ersten Kind ankommt. Wie sich herausstellt, hat sich der Inhalt vollkommen verändert und ist ganz sinnlos geworden. Achten Sie darauf, daß die Kinder jetzt nicht ganz bewußt nuscheln, um einen möglichst komischen Satz weiterzugeben. Die Lippenbewegungen sollten noch deutlich sein!

Mäuschen sag mal piep!

Alle Kinder sitzen im Kreis. Eines steht in der Mitte, hat die Augen verbunden und wird langsam um die Achse gedreht, bis es nicht mehr weiß, wie es steht. Es zeigt jetzt auf ein Kind im Kreis und bittet: »Mäuschen, sag mal piep!« Das angesprochene Kind antwortet mit »Piep!«. Jetzt muß geraten werden, wer das Mäuschen ist. Die Mäuschen dürfen ruhig ihre Stimmlage verändern. Denn erstaunlicherweise ist selbst bei veränderter Stimmlage oft herauszuhören, wer da piept!

Wer mit mehreren Kindern spielt, sollte darauf achten, daß jedem Kind einmal die besondere Rolle zufällt: Geist, schwarze Köchin oder der Entdecker der piependen Maus.

Das Geisterhaus

Alle Kinder bilden einen Kreis. Ein Kind steht mit verbundenen Augen in der Mitte und hat einen Ball. Es ist der Geist. Ein Kind aus dem Kreis ruft jetzt: »Geist, Geist, komm heraus aus Deinem Haus!« Der Geist muß mit seinem Ball nun genau in die Richtung werfen, aus der das Kind gerufen hat. Wenn er getroffen hat, wird ausgewechselt.

Das Orchester

Holen Sie alles aus Ihrer Küche, was Sie entbehren können: Töpfe, Holz- und Metallöffel, alte Teller und Gläser, gefüllte (Knopfkästchen z. B.) und leere Kästchen. Zeigen Sie den Kindern, wie man mit einem nassen Finger durch langsames Kreisen auf einem Glasrand Töne erzeugen

kann. Und wie unterschiedlich es klingt, wenn die Gläser unterschiedlich voll sind. Verteilen Sie dann die Instrumente. Auf den Gläsern werden Töne, vielleicht sogar kleine Melodien gespielt, die anderen Gegenstände sind die Rhythmusinstrumente. Und Stimmen gibt es natürlich mehr als genug. Auch die sollten eingesetzt werden! Jetzt können Sie alle gemeinsam einfach improvisieren oder sich eine einfache Melodie suchen, die sie begleiten.
Das »Heiß-und-Kalt-Spiel« kennen Sie. Eine Variation: Ein Gegenstand wird versteckt, ein Kind muß ihn suchen. Statt »kalt« zu rufen, spielen alle anderen Kinder ganz leise auf dem Küchenorchester, je näher das Kind dem Versteck kommt, je »heißer« es also wird, desto lauter spielen alle.

Die Küche ist für alle Kinder ein begehrter Spielplatz. Mit ausreichend klingendem Küchenzubehör wird sie zum Konzertsaal.

Stimme fördern – Persönlichkeit fördern

Wer singt, setzt alles im Körper in Bewegung. Durch die verstärkte Atmung werden die Organe geweitet, die Lymphe kommt in Gang, die Körperhaltung ändert sich (das muß sie zwangsläufig, denn bei schlaffer Körperhaltung bringt man kaum einen Ton heraus). Auch Pulsfrequenz und Herzfrequenz verändern sich. Verschiedene Tonarten und verschiedene Vokale sprechen unterschiedliche Klangräume im Körper an und »massieren« so die inneren Organe.

Das Wichtigste aber: Singen bringt den Menschen in ein seeelisches Gleichgewicht. Deshalb lief jede Heilzeremonie bei einfachen Kulturen und in vorchristlicher Zeit immer mit Gesängen ab. Und weil bekannt war, wie stark der Einfluß von Stimme ist, durften nur Auserwählte mit der Stimme arbeiten.

Es ist kein Zufall, daß viele berühmte Sänger einen dichten Haarwuchs haben, denn das Singen regt auch die Drüsen und Hormone im Körper an.

Körperhaltung und Stimme

Damit die Stimme sowohl beim Singen, als auch beim Sprechen wirklich gut klingt, nämlich mit Resonanz und Überzeugung, sind drei Faktoren wichtig:

- Die Haltung. Wer Sänger oder Schauspieler auf der Bühne sieht, kann beobachten, wie stark Körperhaltung und Stimme zusammenhängen. Mit einem krummen, gebeugten Rücken und hängenden Schultern sind keine klaren Töne möglich. Singen und präsentes Sprechen erfordern eine gute, aufrechte Haltung, die gleichzeitig auf die Persönlichkeit zurück wirkt. Wer aufrecht geht und steht, die Schultern weder hoch-

Ein großer, mit Luft gefüllter Gummiball ist besonders vielseitig. Man kann auf ihm rollen, hüpfen und wippen, aber auch besonders gut singen.

zieht, noch nach vorne hängen läßt, wirkt selbstsicher und körperbewußt.

- Die Atmung. Sie soll unbeeinflußt und in einem ganz ruhigen, gelassenen Rhythmus aus dem Bauch- und Beckenraum kommen. Nur mit dieser Atmung hat man immer genug Luft in Reserve. Hastiges Zwischenatmen oder gar Anzeichen von Astma verschwinden.
- Die Artikulation. Beim Singen und Sprechen ist zwar die Kehlkopfmuskulatur aktiv, aber nicht nur sie allein. Je besser die Mundmuskeln eingesetzt werden, desto entspannter ist der Kehlkopf und desto voller tönt die Stimme.

Den Körper lockern, die Stimme locken

Jeder verkrampfte Muskel, egal wie weit entfernt er vom Kehlkopf ist, beeinflußt über Muskelschlingen auch die Kehlkopfmuskulatur und kann hemmend wirken. Deshalb sind Körperübungen, Aufwärm- und Entspannungsübungen vorher so wichtig, um Lockerheit und Geschmeidigkeit in den Muskeln zu schaffen. Da Kinder ohnehin einen starken Bewegungsdrang haben, dürfte das nicht schwer fallen.

Alle Übungen, die den Körper zum Schwingen bringen, sind besonders gut geeignet, um später auch Töne dazuzugeben. Ideal sind:

- Gleichgewichtsspiele, z. B. Hüpf- und Seilspiele, Schaukeln, Wippen, Rollerfahren oder einen Abhang runterrollen lassen.
- Hindernislaufen und viel barfuß gehen.

Weitere Schwingübungen

- Mit wippender Fußsohle abwechselnd das Gewicht zuerst auf den rechten, dann auf den linken Fuß verlagern. Dabei den Atem hörbar rausfließen lassen.

- Arme abwechselnd schwingen lassen mit weichen Knien.
- Das linke Bein auf ein hartes Kissen stellen, sich mit der linken Hand an der Wand festhalten, das rechte Bein kräftig von vorn nach hinten und wieder nach vorn schwingen. Atem fließen lassen. Dann wechseln.
- Wenn Ihr Kind noch klein ist, legen Sie sich auf den Rücken, nehmen Sie es mit den Händen um die Taille, heben Sie es über Ihrer Brust hoch, und schütteln Sie es sanft hin und her.

Wenn Ihr Kind schon größer ist, lassen Sie es sich auf den Rücken legen. Legen Sie Ihre linke Hand auf die Stirn, die rechte unter den Nabel, und schaukeln Sie mit der rechten Hand im Bauchnabelbereich sanft hin und her, ca. eine Minute, bis Sie die Wärme spüren, die entsteht.

Übrigens auch eine gute Methode, um Kinder vor dem Schlafen zu beruhigen. Die Übung erinnert an das Schaukeln in der Wiege.

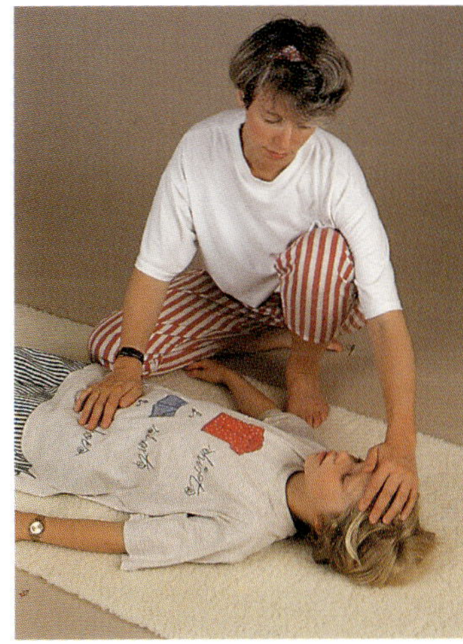

Seelische Anspannung kann schon bei Schulkindern zu falschem Atmen führen. Doch dagegen läßt sich etwas tun.

Ohne Atem keine Stimme

Elementarer Antrieb für das Singen ist die Luft bzw. der Atem. Der Unterschied zwischen Sprechen und Atmen besteht darin, daß beim Sprechen dem Atmungsstrom ein Widerstand entgegengesetzt wird. So entstehen die Laute. Mit dem Tonansatz spannt sich auch die Bauchmuskulatur an. Sie bleibt angespannt, solange der Ton erklingt.

Richtiges Atmen ist lernbar

Ein Sänger kann weder in schlaffer noch in überspannter Haltung wirklich schöne Töne herausbringen. Das Ideal liegt in der natürlichen Körperspannung, die wir durch

achtsame Atemübungen und Arbeit mit dem eigenen Körper erreichen können.
»Nun atme mal kräftig durch!« werden Kinder manchmal aufgefordert, bevor sie etwas vorlesen sollen oder wenn sie sehr nervös sind. Und dann passiert das verbreitete Übel: Das Kind holt tief Luft, bläst sich auf, hebt dabei die Schultern an und ist der Meinung: »Nun habe ich kräftig Luft geholt!«

Falsches Atmen ist sehr verbreitet

Da Kinder meist beim tiefen Durchatmen nicht korrigiert werden – schließlich wissen es die Erwachsenen ja tatsächlich oft nicht besser –, schleicht sich so allmählich das Atmen in den Brustkorb ein. Eine andere Ursache für das falsche Atmen in Brust- und Schulterbereich liegt in Unterdrückungen während der Kindheit. Das Kind zieht den Kopf ein, der Nacken krümmt sich leicht, die Atmung wandert nach oben, weil damit das Engegefühl beseitigt werden soll. Diese Haltung verstärkt sich mit zunehmendem Alter: Der Rundrücken bildet sich heraus.

So atmet man richtig

Der Luftwechsel in den Lungen wird über die Atembewegung im Rumpf gesteuert. Das Zwerchfell spielt dabei

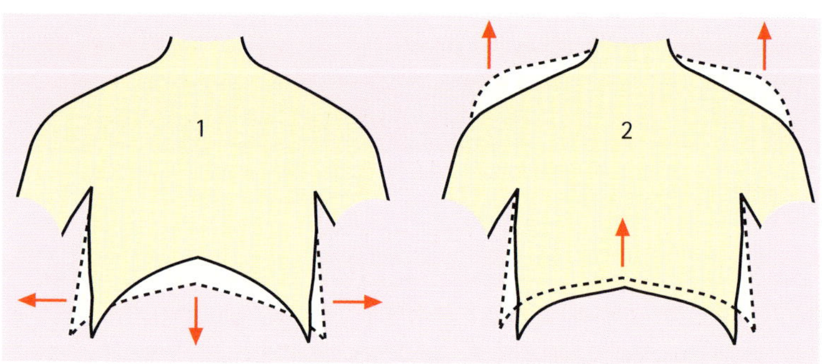

1) Die Zeichnung zeigt die normale Brustkorbbewegung beim Einatmen. Der Brustkorb weitet sich im unteren Bereich, das Zwerchfell wird nach unten gezogen (Einatmung punktiert).
2) Wenn sich beim Einatmen die Schultern heben, ist das ein alarmierendes Zeichen für eine falsche Atemtechnik.

neben vielen anderen Muskeln die wichtigste Rolle. Es schließt den Brustraum, in den es sich kuppelartig vorwölbt, gegen den Bauchraum ab. Beim Einatmen in den Rumpfbereich spannt sich das Zwerchfell mitsamt allen Muskeln in der Brustwand. Es flacht ab und senkt sich leicht nach unten, und da es mit dem Brustkorb verbunden ist, weitet sich dieser in der Einatembewegung – vor allem im unteren Bereich.
Die Lungen werden erweitert, gefüllt und gespannt, dabei drehen sie sich ganz leicht spiralförmig um ihre Längsachsen, so daß die sich nach allen Richtungen ausdehnen. Mit der Senkung des Zwerchfells beim Einatmen verschieben sich die Bauchorgane nach unten, die Bauchwand wölbt sich leicht vor, der Beckenboden zieht sich im Bereich der untersten Lendenwirbel nach unten.

Um das Einatmen im Bauch- und Beckenraum zu spüren, müssen Gesicht, Zunge und Kiefergelenke entspannt sein.

Der Atemimpuls kommt aus dem Beckenraum

Wenn wir ausatmen, läßt die Spannung im Zwerchfell nach, es bewegt sich wieder leicht nach oben.
Beim Ausatmen und Erschlaffen des Zwerchfells zieht sich der gedehnte Bauchmuskelschlauch wieder elastisch zusammen, die Eingeweide werden wieder nach oben geschoben.
Wegen der eindeutigen Atemwahrnehmung im Bauchbereich wird die Zwerchfellatmung auch Bauchatmung genannt. Es gibt unendlich viele verschiedene Atemschulen. In ihrem Kursangebot wird das »bewußte Atmen« propagiert, das »erfahrbare Atmen«, das »tiefe Atmen«, das »reflektorische Atmen«, das »rhythmische Atmen« nach Kommando: »Eins: Einatmen, Zwei, Drei: Aus, Vier: Atempause…« usw.
Eines ist heute sicher: Die natürliche Atembewegung findet im Rumpf statt, der Brustkorb bewegt sich dabei relativ wenig. Ein Heben und Senken des Brustkorbes gehört nicht zur normalen Atmung.

Wer richtig atmet, hat auch eine gute Körperhaltung. Oft lassen sich Haltungsschäden bei Kindern regelrecht wegatmen.

Babys sind Atemkünstler

Die natürliche Atembewegung im Rumpfbereich läßt sich am besten bei Babys beobachten. Wenn man seine Hände um ihren Bauch legt, fühlt man es ganz deutlich, das Ein, Aus, die Atempause. Auch beim Schreien spielt der Bauch bzw. das Zwerchfell die größte Rolle. Die Kraft fürs Schreien kommt aus diesem Bereich und nicht aus der Brust oder gar den Schultern. Das ist auch der Grund dafür, daß Säuglinge sehr lange schreien können, ohne heiser zu werden.

Für die natürliche Bauch/Becken- oder Rumpfatmung ist eine gesunde Wirbelsäule vorteilhaft, andererseits lassen sich so manche Haltungsschäden regelrecht wegatmen. Da das Zwerchfell mit seinen Muskelbünden nicht nur am Brustkorbrand, sondern auch an den unteren Lendenwirbeln ansetzt, ist auch im untersten Bereich der Wirbelsäule die Atembewegung zu fühlen – vorausgesetzt, wir lassen die Schulterbewegungen weg.

Atemtest

Wenn Kinder in die Schule kommen, verlieren sie oft das Atmen in ihre Basis. So überprüfen Sie, ob Ihr Kind richtig atmet.

Atmet mein Kind in den Bauch-/Beckenraum?

- **Lassen Sie das Kind sich auf den Rücken legen.**
- **Setzen Sie ein Stofftier auf den Bauchnabel.**
- **Bewegt es sich?**
- **Wenn das Stofftier sich so stark bewegt, daß es herunterfällt, ist das ein gutes Zeichen: Ihr Kind atmet in die Basis.**
- **Ist die Bewegung allerdings kaum sichtbar, sollten Sie für die Wiederherstellung der natürlichen Atembewegung sorgen.**

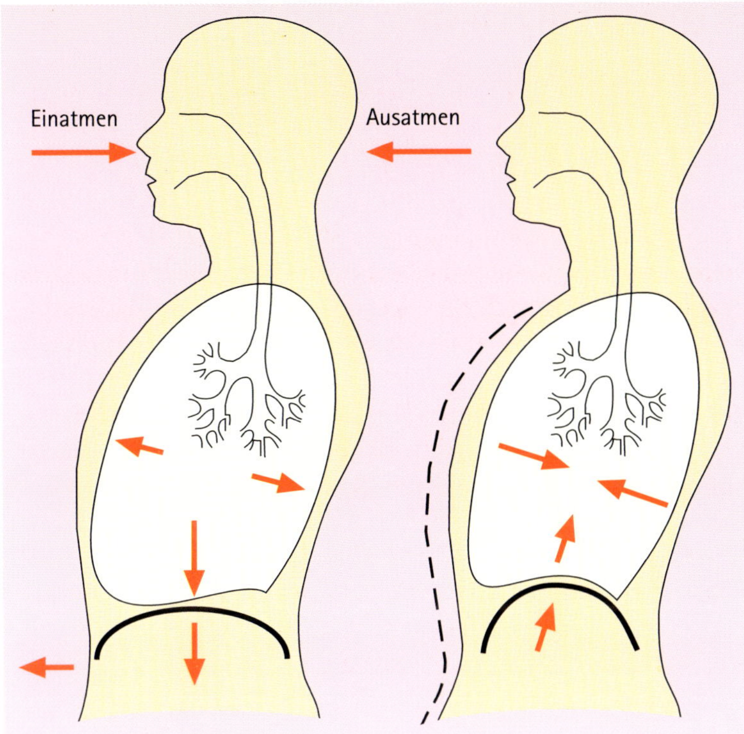

Nicht die Schultern sollen sich beim Aus- und Einatmen auf und ab bewegen, sondern das Zwerchfell.

Atemübungen

Drei Dinge sollten Sie bei Atemübungen mit ihrem Kind beachten:

1. Die Schultern dürfen nie hochgezogen werden.
2. Immer mit dem Ausatmen beginnen.
3. Niemals den Atemrhythmus beeinflussen.

Sollte der Atemrhythmus sehr schnell sein, können Sie entsprechende Hinweise geben:

- »*Laß Dir Zeit, Du kannst alles ganz in Ruhe machen!*«
- »*Achte mal auf Deinen Ausatem. Da kannst Du bestimmt noch viel mehr rauslassen!*«

Als Sprachbegriff hat sich das »hocken« erhalten, aber der heutige Mensch hockt nur noch sehr selten. Trotzdem sollten wir öfter mal wieder in die Hocke gehen.

Atmen in den Bauch- und Beckenraum

Die energetische Hocke

Für Naturvölker ist sie die übliche Sitzstellung. Auch für Kinder ist sie noch kein Problem, für Jugendliche schon eher. Viele Erwachsene sind gar nicht mehr in der Lage, diese Haltung einzunehmen. Sie ist das beste Mittel gegen Senk- und Spreizfußbeschwerden, erfordert die maximale Beugung im Hüft-, Knie- und Sprunggelenk und ist die einfachste und schnellste Methode, um »unten« im Atem zu landen. Die energetische Hocke ist eine Übung, die man unbedingt bis ins hohe Alter beibehalten sollte. Mit gespreizten Knien so auf den Boden hocken, daß die flachen Fußsohlen mit dem Boden Kontakt haben. Wenn das nicht gleich gelingt, kann man dicke Bücher unter die Fersen legen, die man von Woche zu Woche mit immer schmaleren Büchern auswechselt.

So geben Sie dem Kind Unterstützung

- *Laß erst mal den Kopf hängen, und spüre Deinen Atem. Kannst Du den Einatem fühlen? Und den Ausatem? Ist da auch eine Atempause?*
- *Jetzt lege mal Deine Hände unter Deine Pobacken. Kannst Du fühlen, was Dein Atem da unten bewegt?*
- *Jetzt lege die Oberarme locker auf die Knie und versuche, Deinen Rücken aufzurichten* (eventuell vormachen oder mit den Händen unterstützen).

Das Päckchen

Eine gute Übung, um die Wirbelsäule zu entspannen und einen zu schnellen Atemrhythmus günstig zu beeinflussen: Auf die Zehen hocken, Knie weit gespreizt am Boden ablegen, den Rücken rund machen, den Kopf auf den Boden legen, die Arme vor dem Kopf gestreckt ablegen oder locker neben den Körper legen.

So geben Sie dem Kind Unterstützung

- *Versuche einmal, Dich ganz weich zu machen. Und jetzt werde mit jedem Ausatmen weicher und lockerer.*
- *Fühle jedes Mal den Atem hier unten ankommen.* (Eine Hand unterstützend aufs Steißbein legen.)
- *Jetzt stell Dir vor, Du bist ein Blasebalg, atmest hier unten ein... und hier unten aus...«* (Sehr vorsichtig die Ausatemphase mit der Hand unterstützen.)

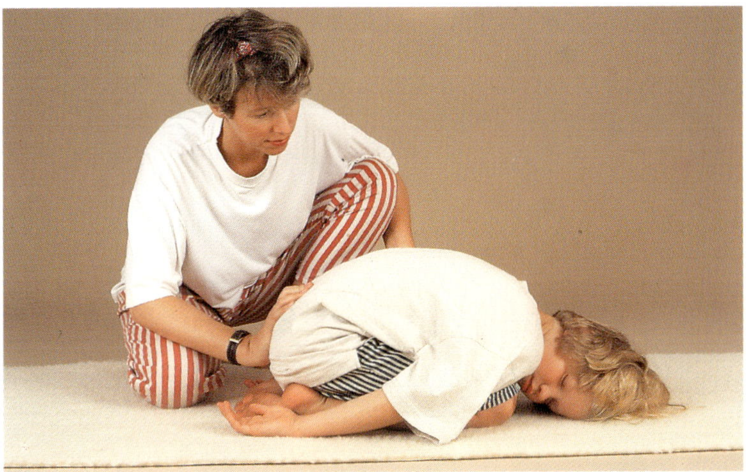

Kindern macht es Spaß, als weiches Päckchen den eigenen Atem im Bauch zu fühlen. Die Beziehung zu ihrem Körper ist meist noch sehr intakt.

Rückenrolle

Diese Übung sorgt für eine geschmeidige Wirbelsäule und stärkt vor allem den Nacken und die Brustwirbel. Durch das Zusammenpressen werden die inneren Organe massiert:
In die Hocke gehen, mit rundem Rücken nach hinten abrollen und wieder nach vorn rollen. Die Übung ein paar Mal wiederholen. Dann mit Schwung nach hinten rollen und die Beine angewinkelt und leicht gespreizt über den Kopf legen. Die Knie möglichst neben den Ohren ablegen oder zumindest so weit es geht zum Boden bringen.

Kinder sind oft so beweglich, daß sie ohne Mühe die Knie am Boden ablegen können.

So geben Sie dem Kind Unterstützung

- *Jetzt fühlst Du Deinen Atem nur noch im Beckenbereich. Laß Deinen Brustraum ganz locker.*
- *Versuche mal, mit den Knien Deine Ohren zu schließen und Deinen Atem zu hören!*

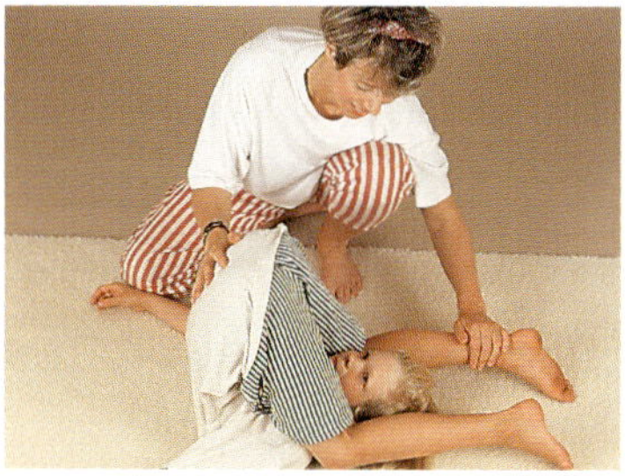

Linkes Bild:
Die Rückenrolle beginnt in der Hocke.
Rechtes Bild:
Zum Schluß berühren sich Knie und Ohren.

Flexibilität und Stärkung des Zwerchfellmuskels

Der Ballon

Die Arme in Schulterhöhe locker in Form eines Ballons nach vorne halten. Im Einatmen zügig zu den Seiten öffnen – der Ballon bläst sich auf – und beim Ausatmen langsam mit »fffffff« die Arme zusammenführen – der Ballon wird zusammengepreßt, die ganze Luft rausgelassen.

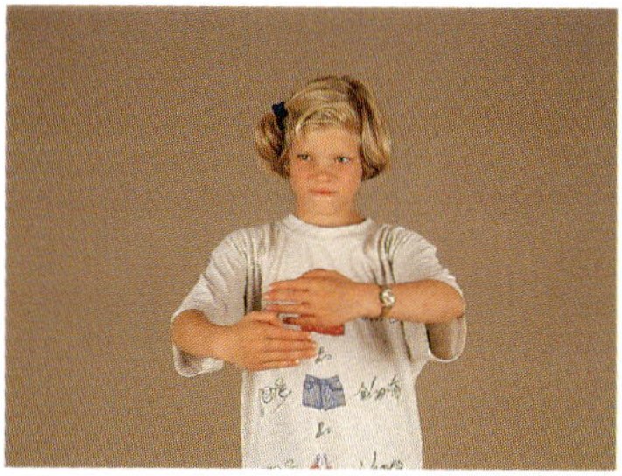

Linkes Bild:
Ein unsichtbarer Ballon wird aufgeblasen.
Rechtes Bild:
Und dann entweicht ihm hörbar alle Luft.

Kerze anblasen

Eine brennende Kerze soll nur angeblasen, nicht ausgeblasen werden. Dabei die Kerze in verschiedenen Entfernungen plazieren. Diese Übung hilft, den Ausatem zu regulieren.
Wichtig: Niemals vorher durch Einatmen »aufpumpen«, der Einatem soll von selbst kommen!
Varianten zur Atemregulierung: Watteflocken wegblasen, in ein Wasserglas Wellen hereinblasen, aus Bauklötzen ein Tor bauen und ein leichtes kleines Auto durchblasen und zu guter Letzt: Seifenblasen. Das ideale Spiel, um Atembewegungen zu fördern!

Die Dampfmaschine

Sich gegenüber stellen. Im Stehen ganz langsam mit »Sch« erst die rechte Faust vorstrecken, dann die linke. Allmählich schneller werden, so schnell, daß Bewegung und »Sch« gerade noch zu koordinieren sind. Wichtig: Beim »Sch«, also im Ausatem, wandert die Bauchmuskulatur nach innen. Diese Bewegung sollten Sie mit der Hand überprüfen.

Sobald sich Fehler einschleichen, brechen Sie die Übung ab, sonst entsteht leicht die Hyperventilationsatmung, bei der so viel Sauerstoff ins Gehirn kommt, daß es zu gesundheitlichen Störungen kommen kann.

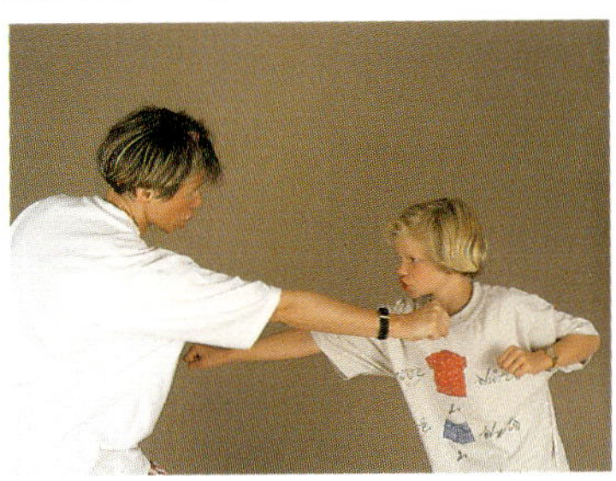

Langsam beginnen und allmählich immer schneller werden, so kommt die Dampfmaschine in Fahrt.

Gegen zu hastiges Atmen

Das »Würmchen«

- Legen Sie sich auf einen Teppich, atmen Sie aus und ziehen Sie sich im Ausatem vollkommen zusammen. Wenn Sie ganz gekrümmt daliegen wie ein eingeringelter Wurm, atmen Sie nochmals aus, um sich noch kleiner zu machen.
- Dann – reflexartig – kräftig einatmen und dabei dehnen und strecken nach allen Richtungen, wieder so weich und biegsam wie ein Würmchen.
- Einen Moment so liegen bleiben, Fließbewegungen im Körper spüren, Atem kommen und gehen lassen und schließlich wieder lang ausatmen und sich zusammenziehen.

Die ganze Übung kann ruhig fünfmal nacheinander gemacht werden. Sie sorgt für einen ruhigen Atem, für Beweglichkeit, und sie hilft, Spannungen abzubauen.

Linkes Bild:
Einatmen in Rückenlage.
Mittleres Bild:
Ausatmen und gleichzeitiges Zusammenrollen.
Rechtes Bild:
Und noch einmal ringeln wie ein Würmchen.

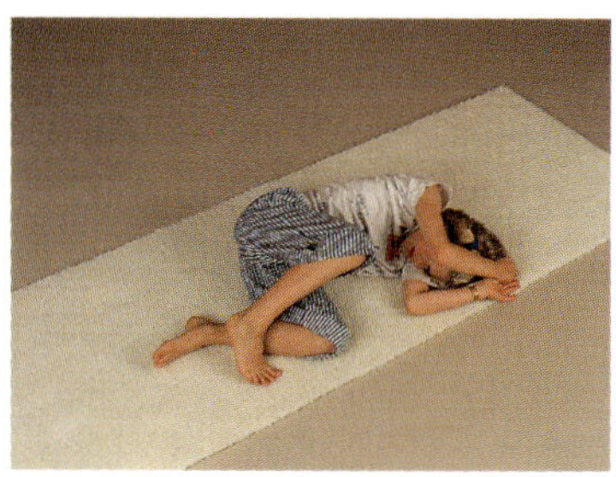

Gegen Müdigkeit

Gähnen

Das Gähnen fördert die Atmung ganz besonders. Sollte Ihr Kind z.B. während der Schulaufgaben müde sein, fordern Sie es zum Gähnen auf mit kräftigen Streckbewegungen in alle Richtungen.

Die Atemkraft

Bringen Sie Ihrem Kind früh bei, daß es die Kraft des Ausatmens nutzen und körperlich umsetzen kann.
Mit einer einfachen Übung kann das beginnen.

- Lassen Sie das Kind in großen Buchstaben seinen Namen in die Luft oder ans Fenster malen. Mit jedem Buchstaben soll es ausatmen.
- Erklären Sie ihm, daß Bewegungen leichter sind, wenn man sie mit der Kraft des Ausatmens unterstützt.
- Üben Sie das auch an der gefüllten Spielzeugkiste. Das Kind soll sie im Ausatem wegschieben und probehalber auch mal im Einatmen. Spürt es den Unterschied?

Wenn Ihr Kind gelernt hat, daß Ausatmen der Bewegung Kraft gibt, wird es selbst bei ganz alltäglichen Bewegungen diese Erkenntnis umsetzen.

Gymnastik mit dem Mund

Die Vokale sind die eigentlichen Tonträger. Sie haben gleichmäßige Schwingungen, die mit den Stimmlippen erzeugt werden. Geformt werden sie mit der Mundhöhle, der Zunge und mit dem Lippenring. Wir finden sie in natürlichen Empfindungsäußerungen wieder:

- Das A beim Lachen oder wenn uns spontan etwas einfällt.
- Das I beim Niesen oder bei Ekel.
- Das Ä oder auch das kurze E (wie im Wort Decke, oder Hemmung) beim Schreien des Babys und beim Räuspern.
- Das U beim Husten und beim Frieren.
- Das O beim Staunen.
- Das E beim Antreiben von Tieren.

Jeder Vokal spricht dabei unterschiedliche Bereiche im Körper an.

Übungen mit Vokalen

Der Vokal U öffnet den Kehlkopf und spricht den Beckenboden an.

U Das U ist ein weicher, dunkler Vokal, der den Beckenraum anspricht, aber – wenn er locker getönt wird – bis in den Kopf hinein zu spüren ist.

Wie das U in Form gebracht wird

- Das Zwerchfell ist leicht angespannt.
- Die Zunge liegt locker am Mundboden.
- Der Mund ist leicht geöffnet.
- Die Lippen bilden sich zu einem Ring, sie sind leicht vorgestülpt.
- Der Unterkiefer ist locker.

Das U ist nicht einfach zu bilden, doch bei richtiger Formgebung wird es zum Kehlöffner, weil sich der Kehlkopf nach unten senkt, die optimale Stellung zum Tönen und Singen.

O Auch das O ist, genauso wie das U, ein dunkler Vokal, er schwingt vor allem in der Mitte des Rumpfes.

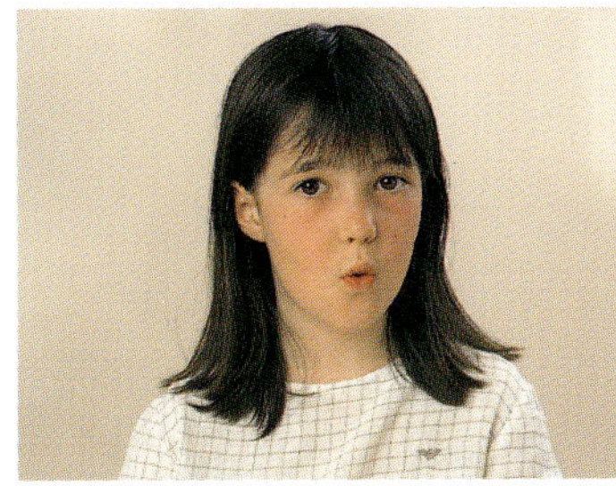

Der Vokal O kommt aus dem Bauchraum.

Wie das O in Form gebracht wird

- Das Zwerchfell ist lockerer als beim U.
- Die Mundhöhle öffnet sich etwas mehr.
- Die Lippen formen einen Ring, wobei der Unterkiefer etwas zurückgenommen wird.
- Die Zungenspitze richtet sich leicht auf.

A Das A gehört wie E und I zu den hellen Vokalen. Es schwingt vor allem im Brustraum, ist aber bei guter Resonanz auch im Bauch und Kopf zu spüren.

Wie das A in Form gebracht wird

- Beim A entspannen sich das Zwerchfell und die Zunge.
- Der Mund öffnet sich so weit, daß zwei Finger übereinander Platz zwischen Ober- und Unterlippe haben.
- Die natürlichste Stellung des As erreicht man, indem man ohne Lautgebung ein H ausatmet und gähnend einatmet.
- Die Unterlippe sollte immer locker an den unteren Schneidezähnen anliegen, sobald die unteren Zähne sichtbar werden, wird aus dem A ein Ä.

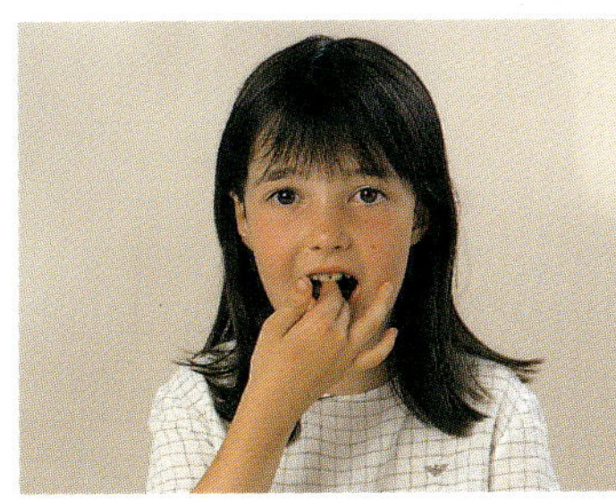

Der Vokal A öffnet den Herzraum. Er ist vom Bauchnabel bis zum Kopf zu spüren.

Man sollte meinen, daß das A leicht zu tönen sei, fast immer wird auch auf A gesungen, z. B.: »Lalala…«.
Doch gerade beim A sind Dialekt, Sprech- und Singfehler am deutlichsten zu hören. Das Schwierige beim A: Es verführt dazu, Druck zu geben, zu laut zu werden und dabei die Stimmlippen zu belasten.

Knabenstimmen fangen beim Singen von »Lalala« leicht an zu brüllen und werden dabei viel zu laut. Deshalb empfehlen Stimmpädagogen, erst dann auf A zu singen, wenn die Stimme gut vorgebildet ist und die anderen Vokale schon geübt wurden.
Damit das A nicht flach klingt, empfiehlt es sich, einen fließenden Übergang von U nach A zu singen. Das bringt Tiefenresonanz und Fülle.

E Das E, einer der wichtigsten Laute unserer Sprache, wirkt wie eine kleine Massage im Brustbein und schwingt auch in Hals und Kopf.

Wie das E in Form gebracht wird

Das E kann sehr unterschiedlich klingen, man braucht nur an Worte wie Fetzen, Wetter, Wesen, Steg, Meer, sehr, Tee, Dehnen oder Wonne zu denken. Im Deutschen gibt es fünf verschiedene Vokalfarben des Es. Es bildet sich phonetisch durch das Zusammenwirken der verschiedenen Grundvokale, z. B. aus A und E oder E und I, aus O und E oder Ö und E.

Der Vokal E schwingt in Hals und Kopf.

Es ist also nicht möglich, für das E eine Form zu beschreiben. Da es aber mit seinen vielen verschiedenen Färbungen zu den wichtigsten Lauten unserer Sprache gehört, sollten Sie es gemeinsam üben, indem Sie mit Ihrem Kind gelegentlich laut lesen.

- Achten Sie dabei darauf, daß die stummen Endsilben, in denen das E so gern verschluckt wird, mitgesprochen werden. Z. B. sollte aus reden kein redn, aus Engel kein Engl werden.
- Auch die Endsilbe -er verführt zum Nuscheln. Aus Lieber kein Lieba machen, aus wieder kein wieda. Überbetonen soll man die Endsilben natürlich auch nicht, sonst wirkt die Sprache künstlich.

Der hellste Vokal I schwingt vor allem im Kopfbereich. Wenn Sie die Finger an Nasenwurzel oder Kieferknochen legen, können Sie es deutlich fühlen.

Das I scheint auf den ersten Blick sehr schwer zu sein. Wenn wir ein I sprechen, wölbt sich die Zunge im Mundraum etwas und verkleinert die Mundhöhle. Der Kehlkopf will auch nach oben – was er ja eigentlich nicht soll. Kurz: Das I scheint die Tongebung verhindern zu wollen. Und trotzdem: Mit dem I werden Dehner und Schließer im Kehlkopfbereich geschmeidig gemacht, es hilft, Töne klar herauszubringen und ist ein sicheres Mittel gegen hauchige Stimmen – vorausgesetzt, man setzt es richtig an. Kinderstimmen haben noch wenig Mühe mit dem I. Es klingt naturgewachsen und strahlend.

Wie das I in Form gebracht wird

- Die Mundhöhle ist geöffnet.
- Der Kehlkopf sollte möglichst tief liegen.
- Die Lippen werden ganz leicht zu den Seiten hin geöffnet.
- Die Zunge ist leicht angehoben, bleibt aber locker und berührt mit ihrer Spitze die untere Zahnreihe. Die Zunge ist bei der I-Bildung das wichtigste Organ.
- Der Kieferwinkel ist eng.
- Die Mundwinkel sind leicht »lächelnd« angehoben, die Lippen nähern sich.

Eine Hilfe ist der fließende Übergang von U nach I. Wenn man den Wechsel dieser beiden Vokale ganz langsam nachvollzieht – stellen Sie sich dabei mit Ihrem Kind vor einen Spiegel – dann kann man nicht nur sehen, sondern auch fühlen, was mit den Lippen, der Mundhöhle und dem Kiefergelenk so alles passiert!
Wird das I richtig getönt, dann klingt es im Nasen-Rachen-Raum, der sogenannte Maskenklang.

Der Vokal I vibriert im Kopf.

Übungen mit Konsonanten

Die Konsonanten werden von verschiedenen Mundorganen und Muskeln gebildet. Man unterscheidet drei Gruppen: die Lippenlaute, die Zungen- und Zahnlaute und die Rachen- und Gaumenlaute.

Die Lippenlaute

P B M F W

Der Konsonant M bringt die Lippen und Wangen zum Vibrieren.

Der Konsonant F ist ein Lippenlaut, der Kindern leicht gelingt.

So fühlen sich die Laute an

P: Zeigefinger auf die Oberlippe, Daumen auf die Unterlippe legen. Sie werden explosionsartig auseinandergeschoben.

B: Wie oben, allerdings schieben sich Zeigefinger und Daumen zart auseinander.

M: Die Lippen locker aufeinander legen, sich vorstellen, daß man Schlagsahne im Mund hat, die Hände flach links und rechts auf die Wangen legen, Vibration fühlen!

F: Zeigefinger und Mittelfinger halten einen kurzen Bleistift wie eine Zigarette vor den Mund. Beim Ausströmen des Ffff langsam die Bleistiftzigarette vom Mund wegführen und den Ffff-Atem mitnehmen.

W: Wie oben, allerdings in umgekehrte Richtung. Die Bleistiftzigarette mit ausströmendem Wwww-Atem Richtung Lippen führen.

Lippengymnastik

Sollte Ihr Kind Schwierigkeiten mit einem dieser Konsonanten haben, empfehlen sich folgende Lippenübungen, die die Lippen geschmeidig halten und sensibel machen:

- Lippen flattern lassen.

- Lippen spitzen und entspannen (fünfmal).
- Lippen breit auseinanderziehen und entspannen (fünfmal).
- Der Fischmund: Auf »Pop« Lippen öffnen und gleich wieder schließen wie ein Fisch, der Luft schnappt.
- Mit den Lippen ein Stück Orange von einem Teller fassen und versuchen, es zu zerdrücken.
- Rhythmisch Phantasiesilben sprechen und dabei mit dem Stimmklang rauf und runter gehen.
  Zunächst auf M, z. B.: MoMaMiMu, MiMeMuMö, MaMuMiMe.
  Dann P und B im Wechsel, z. B.: PiBaPuBo, PaBiPoBö, PäBiPeBa. Und F und W im Wechsel, z. B.: WaFiWeFo, WuFäWiFe, WöFoWaFi.

Die Zungen- und Zahnlaute

D T L N S Z SCH Rrr...

So fühlen sich die Laute an

D: Zeigefinger parallel zwischen die Lippen legen. Das D sachte in den Finger sprechen.
T: Wie oben, doch durch den starken Atemeinsatz wird der Zeigefinger jetzt leicht weggeblasen.
L: Eine Hand vor die Mundpartie legen, so daß der Daumen auf der rechten Wange, die drei mittleren Finger auf der linken Wange ruhen. Im L-Ansatz locker beide Wangen zusammendrücken. Dabei die Zungenspitze hinter der oberen Zahnreihe fühlen.
N: Zeigefinger und Daumen an die Nasenwurzel und die Schwingungen des N spüren.
S: Über 30 Zungen- und Mundmuskeln sind an der Bildung des S beteiligt, ein Konsonant, an dem ein Sprachpädagoge sofort Fehlstellungen heraushört! Daumen, Zeige- und Mittelfinger zusammenlegen und vor die Lippen bringen. Den Luftstrom des S fühlen, es wie ein

Der Konsonant D ist ein Zungen- und Zahnlaut, der Kindern oft Mühe macht.

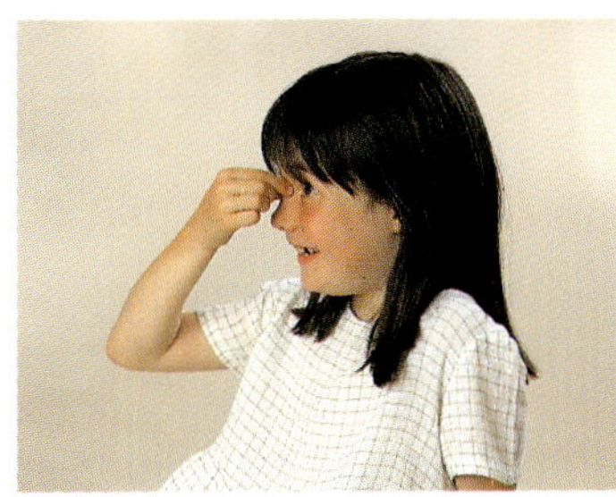

Der Konsonant N schwingt hauptsächlich im Nasen-Rachen-Raum. Die Mundhöhle ist geöffnet, die Zungenspitze berührt den Gaumen.

Beim Sch hilft eine Schnute.

Kaugummi herausziehen und dem Partner abgeben.
Z: Wie oben, Daumen, Zeige- und Mittelfinger an den Mund legen. Beim Sprechen des Z dann aber im selben Moment mit der Lautgebung explosionsartig alle drei Finger öffnen.
Sch: Die drei mittleren Finger jeder Hand an die Mundwinkel legen. Beim Sch die Mundwinkel zusammendrücken, so daß eine Schnute entsteht.
Zungen-Rrr: Die Hände in den Nacken legen und fühlen, wie das Rrrr über die Wirbelsäule in den Nacken rollt. Probleme beim Zungen-Rrr? Dann lassen Sie abwechselnd t und d sprechen: td, td, td, tdtdtdtd – sehr schnell wird daraus ein rollendes R.

Zungenübungen

Die Zunge übt einen enormen Druck auf Gaumen und Kiefer aus. Wenn man sie nicht im Griff hat, äußert sich das vor allem in einer mangelhaften Aussprache der Zahnlaute.

- Die Glocke: Die Lippen liegen locker aufeinander, die Zunge locker aus dem linken Mundwinkel hängen lassen und wie einen Glockenschlegel mit wim, wem, wam, wum, dann mit belim mal nach rechts, mal nach links schwingen lassen.
- Zungen- und Schnalzübungen auf ds, ds, ds; tl, tl, tl; s, s, s; z, z, z. Die Konsonanten werden von der Zunge sozusagen angesaugt – bis auf s und z, sie werden nach außen gesprochen.
- Rhythmische Phantasiesilben sprechen, abwechselnd auf T und D, S und Z, L und N, z. B.: TuDoTö, TiDaTo,TäDaTe oder SaZiSo, SuZüSi, SeZäSa und LaNiLaNo, LöNuLoNi, LäNeLiNa.
- Zeigen Sie Ihrem Kind vor einem Spiegel verschiedene Formen, die man mit der Zunge bilden kann. Vielleicht kann Ihr Kind auch Formen herstellen, die Sie nicht nachmachen können?

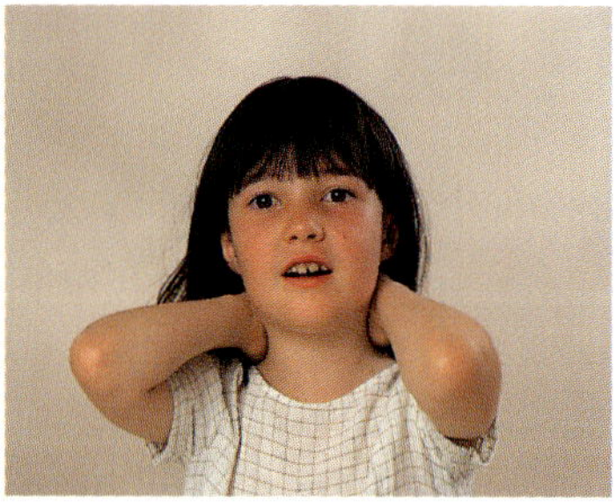

Das Zungen-Rrr stellt an die Zunge des Kindes höchste Anforderungen.

- Die Maus: Die Zunge ist jetzt eine kleine Maus, die sich hinter den Wangen hin und her bewegt. Ganz plötzlich guckt sie aus ihrem Mauseloch zwischen den Lippen hervor, mal rechts, mal links. Dann verschwindet sie wieder, taucht vielleicht hinter der Oberlippe wieder auf.
- Mundhöhlenmassage: Mit der Zunge bei leicht geöffnetem Mund und lockerem Kiefergelenk achtmal im Uhrzeigersinn in der Mundhöhle kreisen – zwischen Oberlippe und Oberkiefer entlang von links nach rechts, dann nach unten und von rechts nach links zwischen Unterlippe und Unterkiefer.

Die Rachen- und Gaumenlaute

G K CH J X Gaumen-Rrr

So fühlen sich die Laute an

G: Rechte Hand um den Hals legen und das Springen des Kehlkopfs beim G fühlen.
K: Hände links und rechts an den oberen Hals legen, so daß die Mandeln bedeckt sind, auch hier den Sprung des K im Hals fühlen.
Ch: Beim Rachen-Ch wie oben, die Halsmuskulatur fängt an zu flattern. Beim vorderen Ch die Hände aufs Zwerchfell legen und fühlen, wie das Zwerchfell sich mit dem Ch nach innen zieht – nicht nach außen! – Eine Übung, die sehr schnell viel Energie bringt!
J: Auch hier wieder die Hände um den Hals legen, den Unterkiefer mit bedecken. Fühlen, wie sich die Zunge leicht nach oben wölbt und die Schwingung sich bis in den Unterkiefer überträgt.
Gaumen-Rrr: Linke Hand aufs Brustbein, rechte locker auf den Kehlkopf. Leise das Gaumen-Rrr rauslassen und versuchen, durch Tonveränderungen mal mehr im Brustraum, mal mehr im Kehlkopf zu landen.

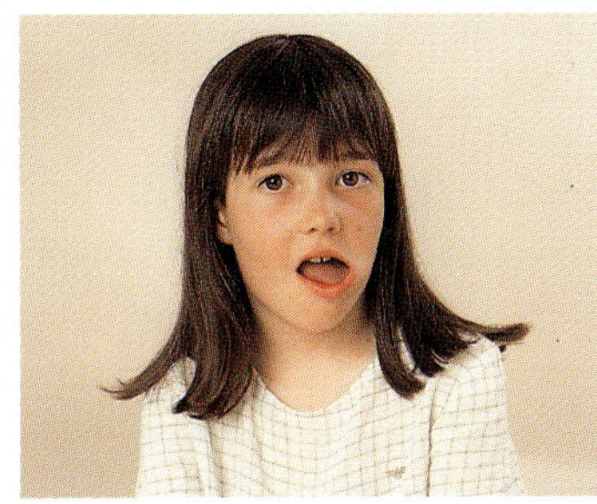

Bei der Mundhöhlenmassage müssen die Lippen geöffnet sein.

Wird der Konsonant G richtig ausgesprochen, hüpft der Kehlkopf!

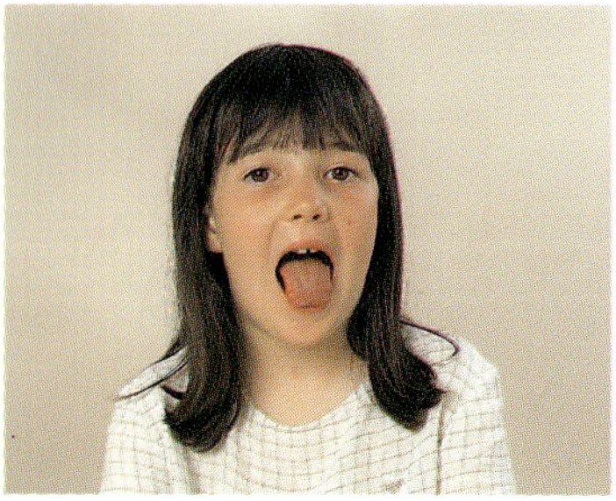

Kiefergelenke weit öffnen, Zungenspitze an die unteren Schneidezähne legen…

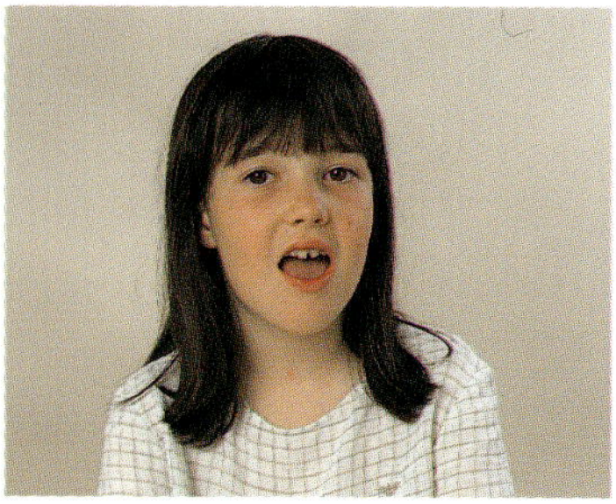

…danach entspannen, aber die Zunge an den Schneidezähnen lassen.

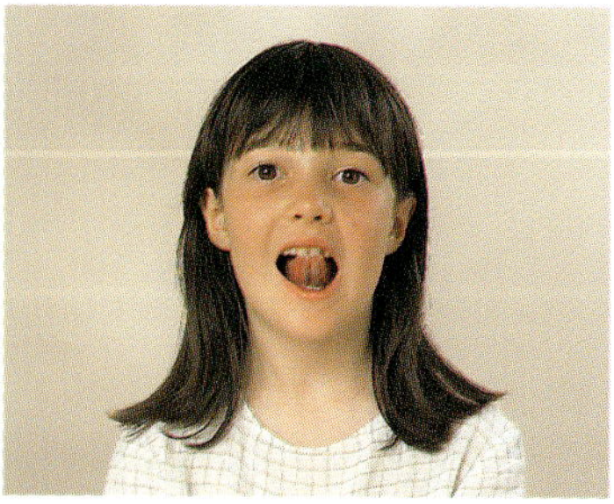

Besonders gesund ist die Gaumenmassage.

Es gibt einige Sprachen, in denen sehr viele Rachenlaute vorkommen, z.B. das Arabische oder auch das Schwyzerdütsch. Probieren Sie mit Ihrem Kind mal spaßeshalber, so eine Sprache nachzumachen. Bei der Gelegenheit können Sie auch gleich feststellen, wie es um den Klang der Rachen- und Gaumenlaute steht. Alle Übungen, die Rachen und Gaumen öffnen und eine Lockerung im Kiefergelenk bringen, wirken sich günstig auf die Gaumenlaute aus. Und diese Übungen sollten Sie unbedingt regelmäßig selbst machen, denn im Kieferbereich haben wir Erwachsene oft erhebliche Verspannungen.

- Legen Sie die Zungenspitze an die unteren Schneidezähne, öffnen Sie dann weit ihren Mund. So weit, daß Sie die Öffnung bis ins Kiefergelenk spüren, es soll aussehen, als ob sie laut schreien. Lassen Sie nur kurz den Mund so weit geöffnet und gleich danach wieder locker. Achten Sie darauf, daß sich beim Öffnen der Unterkiefer nach unten und hinten bewegt, die Zunge sich beim Öffnen in der Mitte nach oben wölbt und die Zungenspitze weiter an den unteren Schneidezähnen liegenbleibt. Wenn's gleich beim erstenmal weh tut, langsam beginnen, nur zweimal ausführen. Allmählich bis fünfmal steigern.
- Schnarchen: Beim Ein- und Ausatem auf Ch leicht schnarchen, fühlen, was damit in Bewegung gebracht wird!
- Alle Gähnübungen stärken die Muskulatur des Gaumensegels. Gehen Sie vom stimmlosen zum stimmhaften Gähnen über. Diese Übung fördert auch den Stimmansatz. Gähnen mit K-Laut: Gähnend einatmen, beim ausatmen explosivartig mehrmals nacheinander das K rauslassen: K-k-k.
- Gaumenmassage: Mit der Zunge kräftig achtmal den oberen Gaumen massieren. Den Speichel, der sich bildet, nach der Übung in kleinen Portionen runterschlucken – er ist die beste körpereigene Medizin!

Den Körper zum Klingen bringen

Rhythmisches Sprechen und Singen kann, wie dieser Kniereiter, wunderbar mit Bewegungen kombiniert werden.

Hoppe, hoppe Reiter,
wenn er fällt, dann schreit er,
fällt er in den Graben,
fressen ihn die Raben,
fällt er in den Sumpf,
macht der Reiter: PLUMPS!
fällt er in den See,
macht der Reiter: HEH!
fällt er von dem Dach,
macht der Reiter: ACH! (Dichten Sie gemeinsam weiter!)

Bei der Kleinen Dickmadam dazu im Rhythmus marschieren:

Eine kleine Dickmadam,
fuhr mal mit der Eisenbahn.
Eisenbahn, die krachte *(auf den Boden fallen lassen)*,
Dickmadam, die lachte.
Lachte, bis der Schutzmann kam
und sie mit zur Wache nahm *(wieder aufstehen)*.
Auf der Wache war sie frech –
batsch! da hat sie eine weg!

»Große Uhren gehen Tick-Tack« ist ideal, um rhythmisches Gefühl zu vermitteln.
Das Kind läuft im Tempo des Uhrenschlages Tick-Tack zunächst ganz langsam und wird mit jedem Schlagen der Uhren schneller:

Kniereiterverse erfreuen sich bei Kindern großer Beliebtheit, weil hier Sprache und Bewegung zusammen kommen.

Große Uhren gehen tick, tack

Das erste Mal wird das Lied noch durchgesungen. Beim zweiten Mal wird das Wort Hut weggelassen und nur mit der Hand gezeigt. Beim dritten Mal Hut und drei weglassen und nur mit der Hand zeigen. Beim vierten Mal Hut, drei und Ecken weglassen und mit der Hand zeigen. Beim letzten Mal Hut, drei, Ecken und mein weglassen und mit den Händen zeigen.

»Mein Hut, der hat drei Ecken« ist ein Lied, das ein gutes Koordinationsvermögen erfordert.

Mein Hut, der hat drei Ecken,
drei Ecken hat mein Hut,
und hätt' er nicht drei Ecken,
So wär' es nicht mein Hut!

Man singt das Lied am besten zu mehreren. Wer einen Fehler macht, scheidet aus! Zu fast jedem Wort muß man eine Bewegung machen.

Mein: Linke Hand aufs Brustbein legen.
Hut: Rechte Hand auf den Kopf legen.
Drei: Daumen, Zeige- und Mittelfinger der rechten Hand abspreizen.
Ecken: Mit Daumen und Zeigefinger eine Ecke bilden.

Vokale mit dem Körper darstellen

Der Körper im U

Locker hinstellen, die Arme hängen lassen und zu einem U oder einem Korb formen. Beim Einatmen gähnen, dann das U mit einem gehauchten H-Ansatz tönen. Nicht in die hohen Lagen gehen! (Siehe Seite 86.)

Der Körper im O

Einen großen Ball umfassen. Beim Einatmen gähnen, dann das O mit einem gehauchten H-Ansatz tönen.

Der Körper im A

Arme in Schulterhöhe, Ellbogengelenke locker, nicht durchdrücken! Beim Einatmen gähnen, dann das A mit einem gehauchten H-Ansatz tönen. (Siehe Seite 82.)

Der Körper im E

Arme schräg nach oben führen. Die Handflächen zeigen nach unten. Beim Einatmen gähnen, dann das E mit einem gehauchten H-Ansatz tönen. Auf die richtige Mundstellung achten: lächelnd die Mundwinkel auseinanderziehen, dabei aber so viel Platz zwischen den Zahnreihen lassen, daß ein Finger reinpaßt.

Der Körper im I

Arme sind über dem Kopf gestreckt, Handflächen zeigen nach innen, die Fingerkuppen berühren sich leicht. Beim Einatmen gähnen, dann das I mit einem gehauchten H-Ansatz tönen. Die Mundstellung ist ähnlich wie beim E, doch die Zunge macht einen Katzenbuckel, ohne daß sich dabei die Zungenspitze zurückzieht.

Wenn alle Bewegungen mit den Vokalen übereinstimmen, kann man eine Tonfolge vom U zum I ineinanderfließen lassen. (Siehe Seite 84.)

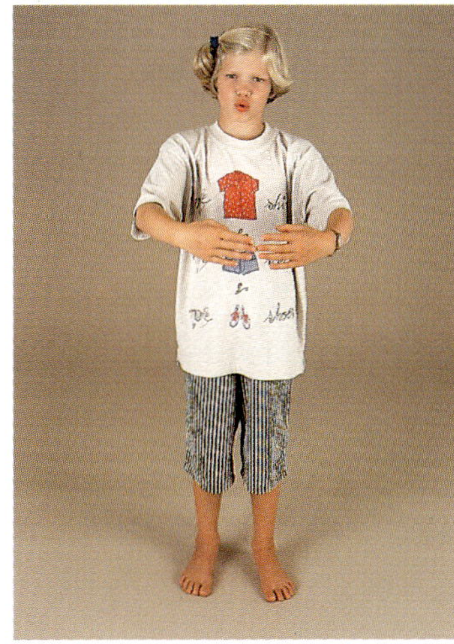

Beim Vokal O formen die Arme einen großen Ball.

Beim Vokal E die Arme schräg nach oben führen.

oder:

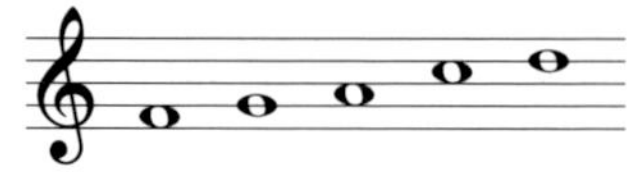

Achten Sie darauf, daß die Tonfolge immer ansteigend ist und dann wieder denselben Weg zurück nimmt!

Singen und Tönen

Nach so vielen Übungen mit dem Atem, dem Körper und den Mundmuskeln werden Sie feststellen, wie leicht jetzt das Singen und Tönen wird. Wenn auch noch der Text lustig ist, wird ein Lied besonders gut behalten, wie bei diesem Beispiel:

Später, wenn sich Text und Melodie fest eingeprägt haben, kann man auch mal einen Kanon probieren.

C-A-F-F-E-E

Vor allem die schwungvolle Melodie ist es, die hier sofort anspricht. Man muß also nicht immer den Original-Text singen, sondern kann auch mit einfachen Silben vor sich hinträllern:

oder:

Auch folgendes Lied kann man sehr gut mit bloßen Silben wie z. B. bo bo singen oder – falls ein Kind besonders undeutlich spricht – düdel lidel düdel lidel. Dabei auf die Form der Lippen achten, Schnute beim Ü und leichtes Lächeln beim I.

Es ritt ein Herr zum Schlößli

Dieses Lied ist eines der wenigen, das eine Staccato-Melodie hat. Es eignet sich besonders gut zum Üben, weil es schnell zu lernen ist.

Abendstille überall

Dieses Lied erfordert eine genaue Einteilung des Atems. Aufpassen, daß beim höchsten Ton nicht zu viel Druck gemacht wird!

Es haust ein wilder Wassermann

»Es haust ein wilder Wassermann« und »Der König in Thule« – Lieder, die man nie vergißt, wenn man sie einmal gelernt hat. Sie haben wunderschöne, »wegtragende« Melodien mit einem märchenhaften Text. Achten Sie darauf, daß an den richtigen Stellen geatmet wird.

Melodie: Aus Westfalen
Satz: Fritz Jöde
aus: Fritz Jöde »Der Musikant«; Karl Heinrich Möseler Verlag, Wolfenbüttel

Der König in Thule

Unk unk unk

Dieses Krötenlied von Carl Orff ist nach einer pentatonischen Tonfolge komponiert worden. Es eignet sich besonders gut, um es mit Schlaginstrumenten zu begleiten.

Pentatonische Melodien – wie z. B. auch »Backe backe Kuchen« – sind sehr schnell zu behalten. Es sind Tonstrukturen, die seit Jahrtausenden gesungen werden.

Auf einem Baum ein Kuckuck

Zaubersprüche sind bei Kindern sehr beliebt. Simsalabim und ähnliche Reihungen von Konsonanten und Vokalen machen die Zunge gelenkig und bringen die Lippen in Form so wie dieses Lied:

Weitere Strophen:

2. Da kam ein junger (Jägers-) Jägersmann.

3. Der schoß den armen (Kuckuck –) Kuckuck tot.

4. Und als ein Jahr (vergangen –) vergangen war.

5. Da war der Kuckuck (wieder –) wieder da.

Kinder klatschen schon von kleinauf liebend gern zu Melodien, die ihr Rhythmusgefühl wecken.

Lieder, die Seele und Sinne erreichen

Lieder enthalten einen immensen Reichtum an musikalischen Formeln, die als Quelle heilender und aufbauender Kraft gelten. Denn Lieder – Wiegenlieder, Volkslieder, religiöse Lieder – sind kollektiv-seelischen Ursprungs. Sie stellen eine Dreiheit dar und sind entstanden zum Schutz, um Ängste zu überwinden und um seelisch und körperlich Kraft zu spenden. Alle Völker auf der ganzen Welt werden von diesem Dreigespann begleitet – von der Geburt bis zum Tod.

Jedes Volk hat seine Lieder

Wiegenlieder, Volkslieder und Choräle haben ausgesprochen magischen Charakter, sie vermitteln Geborgenheit und binden den Menschen an Bezugspersonen und an die Gemeinschaft, die ihn umgibt:

- Das Wiegenlied bindet das Kind an seine Mutter, dabei hat es immer beruhigende Wirkung.
- Im Volkslied wird sich der Heranwachsende seiner Umgebung bewußt, er erfährt sich selbst durch die anderen, indem er mit ihnen gemeinsam singt. Das Volkslied hat oft heiteren Charakter, wirkt belebend und fördert den Bezug zur Gemeinschaft.
- Das religiöse Lied vermittelt ein Schutzgefühl in erweitertem Rahmen, es läßt das Individuum und die Gemeinschaft Geborgenheit in der Religion erfahren. Das religiöse Lied birgt alles in sich, was möglich ist: Beruhigendes, Meditatives, Schützendes, Ermunterndes, Lobendes, Fröhliches, Dankendes und Bittendes.

Wiegenlieder, Volkslieder, religiöse Lieder oder rituelle Gesänge spiegeln den Lebensweg der Menschen wider. Was in der Kindheit gesungen wurde, bleibt am längsten in Erinnerung.

Jedes dieser Lieder vermittelt Empfinden für das eigene Bewußtsein. Solange es Menschen gibt, die einigermaßen intakt leben, werden es immer wieder Lieder sein, die als aufbauende Kräfte auf die Seele wirken. Viele Musikpsychologen messen heutzutage den Grad des moralischen und mentalen Niveaus eines Volkes daran, inwieweit es seinen Gesängen treu geblieben ist.
Auffallend ist, daß alle diese Lieder einfach in der Form sind und daß sie Melodien haben, die sofort etwas in uns ansprechen. Es ist Grundlagenmusik.

Lieder zum Schlafen

Schlaflieder haben immer absteigenden Toncharakter, einfache Rhythmen und werden langsam gesungen.

Daß Lieder Stimmungen erzeugen, merkt man vor allem an den Schlafliedern. Sie verfehlen bei den wenigsten Kindern ihre beruhigende Wirkung.

Nun macht der Tag die Augen zu

Schlaf Kindelein süße

2. Schlaf, Kindelein, balde
so singen die Vögel im Walde;
sie singen den grünen Wald
aus und ein;
heio, mein Kindelein,
schlafe nun ein.

Vor der Türe schläft ein Baum

Kinder fühlen sich geborgen und beschützt, wenn abends am Bett noch genug Zeit für ein kurzes »Tagesgespräch« und ein beruhigendes Lied ist.

Lieder zum Trösten

Heile, heile Segen

Hör doch auf zu weinen

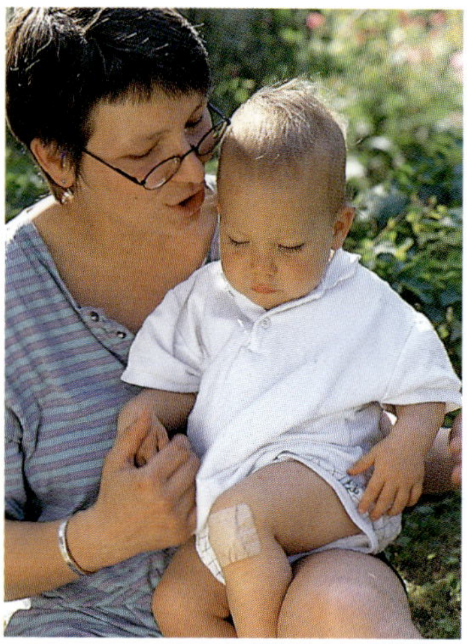

Melodieführung, Rhythmus und Tempo der Trostlieder wirken beruhigend. Darüber hinaus ist es jedoch wichtig, das Kind während des Singens in den Arm zu nehmen und zu wiegen.

Ich ging einmal nach Buschlabeh

Zu dem nebenstehenden Text können Sie sich auch eine andere Melodie ausdenken. Wenn Sie eine gefunden haben, die Ihnen gefällt, sollten Sie dabei bleiben. Lieder können ihre wohltuende Wirkung nur durch die Wiederholung entfalten!

Lieder zum Muntermachen

Diese Lieder beginnen immer mit einer Melodie, die nach oben führt. Manchmal sind es die ersten Töne der Tonleiter, sehr oft aber auch ein Dreiklang, eine Quarte oder Quinte. Das klingt munter und fröhlich. Kinder lieben es, heitere Melodien zu singen, wenn sie sich wohlfühlen. Der ideale Start in den Tag.

Auf ihr Kinder

Auch als Kanon zweistimmig zu singen:

Lachend, lachend ...

Mit diesem Lied können Sie Ihr Kind auch persönlich ansprechen. Statt »kommt der Sommer über das Feld« texten Sie einfach »kommt der Ulli über das Feld« oder »die Lisa über das Gras«.

Steht auf ihr lieben Kinderlein

Ein Lied, das über 500 Jahre alt ist, und dessen einfache Melodie vor allem kleine Kinder gut behalten werden.

Die schönsten Lieder sind die, die das Kind selbst erfindet. Singen Sie sie mit, und schreiben Sie sie auf!

Ein Lied, bei dem Sie sehr gut auch Mimik und Bewegung einsetzen können.

Horch, was kommt von draußen rein

»Horch, was kommt von draußen rein« ist ein schwungvolles Lied, in das Sie wieder den Namen Ihres Kindes einsetzen können:

Horch, was kommt von draußen rein?
Hol-la-hi! Hol-la-ho!
Wird wohl mein Feinsliebchen sein?
(oder: wird wohl meine Tine sein?)
Hol-la-hi-a-ho!
Geht vorbei und schaut nicht rein –
hol-la-hi! Hola-la-ho!
Wird's wohl nicht gewesen sein! Hol-la-hi-a-ho!

Melodie: Schwäbische Volksweise
Satz: Paul Kickstat
aus: Fritz Jöde »Der Musikant«
Karl Heinrich Möseler Verlag,
Wolfenbüttel

Vom Umgang mit Stimmproblemen

Stimmprobleme können ihre Ursachen in Krankheiten, in seelischen Spannungzuständen oder in traumatischen Erlebnissen aus der Kindheit haben.
Wenn ein Kind von sich behauptet, daß es nicht singen kann, dann ist das oft auf das vernichtende Urteil eines Musiklehrers zurückzuführen, das für bare Münze genommen wird.
So ein Urteil und dazu das Bloßstellen vor allen anderen Kindern erzeugt Minderwertigkeitsgefühle und Angst vorm Singen, die ein Leben lang anhalten können.

Sich mit der eigenen Stimme wohlfühlen

Doch Singen kann jeder, auch wenn es manchmal nicht schön klingt. Ermuntern Sie Ihr Kind immer wieder, seine Stimme zu erheben, auch wenn es wirklich zunächst mal nicht schön klingt. Es kommt nicht auf den guten Klang an, sondern darauf, daß ein Kind überhaupt Kontakt zu seiner Stimme bekommt und sich mit seiner Stimme wohl fühlt.

Wohlfühlen ist bei Kindern oft mit Singsang, Summen oder Trällern verbunden. Leider erfahren sie dabei allzuoft, daß sich die Erwachsenen gestört fühlen.

Mit der Stimme Gefühle ausdrücken

Es ist wichtig für ein Kind, daß es lernt, sich über seine Stimme auszudrücken, Emotionen und Gefühle rauszulassen. Trotzdem sollten Sie – die Eltern – mit offenen Ohren auf die Stimme und die Aussprache Ihres Kindes hören. Sie werden mit ein bißchen Aufmerksamkeit sehr schnell merken, wenn sich etwas ändert.
Nicht nur den Stimmbruch kann man hören, sondern

man nimmt auch wahr, wenn ein Kind plötzlich nicht mehr so recht den Mund aufmacht beim Sprechen, wenn ihm die Luft wegbleibt, wenn die Stimme zunehmend leise und gedämpft wird oder anfängt zu knarren. Diese Signale sollten immer ernst genommen werden, denn schließlich gibt die Stimme den Spannungs- und Stimmungszustand eines Menschen wieder.
Wenn Sie nicht regulierend eingreifen, schleifen sich Probleme mit der Stimme ein, die auf die Persönlichkeitsentwicklung, das körperliche und seelische Gleichgewicht und das Selbstbewußtsein rückwirken.

In vielen Fällen genügen ein paar Stunden bei einem Stimmbildner oder Atemlehrer, der auch mit der Stimme arbeitet. Logopäden sind ausgebildet, um vor allem krankheitsbedingte Stimmschäden aufzuarbeiten.

Wenn der Spezialist gefragt ist

Doch bei vielen kleineren Problemen können auch Sie selbst mit gezielten Übungen eingreifen. Wichtig ist, daß Sie dranbleiben und möglichst täglich ein paar Minuten gemeinsam üben. Das ist wirksamer als zweimal in der Wochen eine halbe Stunde.
Sollten diese Übungen nicht helfen, dann gehen Sie unbedingt zu einem Facharzt für Phoniatrie oder einem HNO-Arzt, der auf Stimmschäden spezialisiert ist. Er kann durch eine Spiegelung des Kehlkopfes oder durch die Stroboskopie – hier werden die Feinbewegungen der Stimmlippen während der Stimmgebung untersucht – feststellen, ob organische Veränderungen vorliegen. Er gibt Ihnen auch Empfehlungen, wie Sie weiter vorgehen sollten.
Erstes Anzeichen für eine kranke Stimme ist die Heiserkeit. Sollte Sie länger als drei Wochen anhalten, gehen Sie unbedingt sofort zum Arzt!

Auch der Kinderarzt achtet im Rahmen der achten und neunten Vorsorgeuntersuchung auf die Stimme Ihres Kindes. Teilen Sie ihm Auffälligkeiten mit.

Mein Kind atmet durch den Mund

Meist sind es Polypen, die es einem Kind erschweren, durch die Nase zu atmen. Das führt dann zu vermehrten Erkältungen und Problemen mit den Nasengängen. Aber diese Probleme sind oft auch erst durch die Mundatmung entstanden. Die berühmten Atempädagoginnen Clara Schlaffhorst und Hedwig Andersen haben schon 1928 in ihren Büchern darauf hingewiesen, wie wichtig es ist, daß Kinder immer wieder angehalten werden, durch die Nase zu atmen. Sie konnten sogar nachweisen, daß sich Probleme mit Nase, Stirnhöhle, Kiefer und Hals durch gezielte Atemübungen beseitigen lassen und Polypen-, Mandel- und Nasengangsoperationen vermieden werden können.
Versuchen Sie diesem Problem mit Atemübungen entgegenzutreten, eventuell hier sogar die Hilfe eines Atemlehrers in Anspruch zu nehmen.

Mein Kind bekommt beim Vorlesen zuwenig Luft

Das Problem tritt v. a. in den ersten Schuljahren auf. Grundsätzlich ist mangelnde Atemluft ein Ausdruck für inneren Druck und zu kurzen Ausatem. Denn Atemnot entsteht nicht durch mangelhaftes Einatmen, sondern durch mangelhaftes Ausatmen. Hier können also nur gezielte Atemübungen helfen, wobei Sie vor allem Wert auf einen fließenden Ausatem legen sollten:

Wenn beim Vorlesen die Luft ausgeht, helfen gezielte Atemübungen.

Übung: Das Päckchen (siehe auch Seite 46 f.)
Auf die Zehen hocken, Knie auf den Boden, den Rücken rund machen, den Kopf auf den Boden legen, die Arme vor dem Kopf gestreckt ablegen oder locker neben den Körper legen. Eine gute Übung, um die

Das verlängert den Ausatem: eine Kerze an-, nicht ausblasen.

Wirbelsäule zu entspannen und einen zu schnellen Atemrhythmus günstig zu beeinflussen. Achten Sie auf einen ruhigen, langen Ausatem.

Übung: Der Ballon (siehe auch Seite 48)
Die Arme in Schulterhöhe locker und in Form eines Ballons nach vorne halten. Im Einatmen zügig zu den Seiten öffnen – der Ballon bläst sich auf – und beim Ausatmen langsam mit »ffffff« die Arme zusammenführen – der Ballon wird zusammengepreßt, alles an Luft rauslassen.

Übung: Kerze anblasen (siehe auch Seite 49)
Eine brennende Kerze soll nur angeblasen, nicht ausgeblasen werden. Dabei die Kerze in verschiedenen Entfernungen plazieren.
Diese Übung hilft, den Ausatem zu regulieren. Wichtig: Niemals vorher durch Einatmen »aufpumpen«, der Einatem soll von selbst kommen!
Varianten zur Atemregulierung:
- Watteflocken wegblasen.
- In ein Wasserglas Wellen hineinblasen.
- Aus Bauklötzen ein Tor bauen und ein leichtes kleines Auto durchblasen.
- Seifenblasen machen.

Übung: Das Würmchen (siehe auch Seite 50)
Legen Sie sich gemeinsam auf einen Teppich, atmen Sie aus und ziehen Sie sich während des Ausatmens vollkommen zusammen. Wenn Sie ganz gekrümmt daliegen wie ein eingeringelter Wurm, atmen Sie nochmals aus, um sich noch kleiner zu machen. Dann – reflexartig – kräftig einatmen und sich dabei wie ein Würmchen dehnen und strecken nach allen Richtungen. Einen Moment so liegen bleiben, Fließbewegungen im Körper spüren und schließlich wieder lang ausat-

men und sich zusammenziehen. Die ganze Übung kann ruhig fünfmal nacheinander gemacht werden. Wenn sich nichts ändert, schicken Sie Ihr Kind auf jeden Fall zu einem Atempädagogen. Sonst kann das zu einem asthmatischen Krankheitsbild führen, und die Lunge wird über kurz oder lang in Mitleidenschaft gezogen.

Mein Kind spricht zu leise

Eine Stimme, die von Natur aus leise ist, klingt anders als die, die leise geworden ist. Fragen Sie sich, wann die Stimme so leise geworden ist und was dahinter stecken könnte. Vielleicht zieht sich Ihr Kind aus irgendeinem Grund in die Defensive zurück. Sehr oft ist das bei kleinen Jungen der Fall, die sehr sensibel sind. Sie sollten unbedingt etwas dagegen tun, denn die zunehmend leise Stimme ist nicht unbedingt förderlich für ein gesundes Selbstbewußtsein. Auch hier helfen Atemübungen, die aber mit Lauten kombiniert werden sollten:

Übung: Die Dampfmaschine **(siehe auch Seite 49)**
Sich gegenüber stellen. Im Stehen ganz langsam mit »Sch« erst die rechte Faust vorstrecken, dann die linke. Allmählich schneller werden, so schnell, daß Bewegung und »Sch« gerade noch zu koordinieren sind. Wichtig: Beim »Sch«, also im Ausatem, wandert die Bauchmuskulatur nach innen. Diese Muskelbewegung sollten Sie mit der Hand überprüfen.
Sobald sich Fehler einschleichen, brechen Sie die Übung ab, sonst entsteht eine Hyperventilationsatmung, bei der so viel Sauerstoff ins Gehirn kommt, daß es zu gesundheitlichen Störungen kommen kann. Wenn die Bauchmuskulatur geschmeidig ist und mitmacht, können Sie die Bewegungen auch mit einem lauten HaHa, oder HoHo verbinden. Das ist unsere ursprüngliche Bewegung beim Lachen!

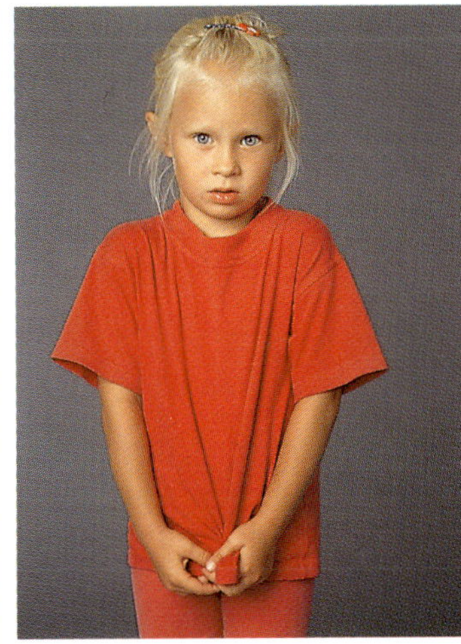

Wenn Kinder zu leise sprechen, dann signalisieren sie: Ich glaube nicht an mich. Fördern Sie das Selbstbewußtsein durch Übungen, die Kraft vermitteln und das Stimmvolumen stärken.

Das A mit dem Körper darstellen und gleichzeitig tönen – das bringt Vitalität.

Übung: Der Ballon (siehe auch Seite 48)

Die Arme in Schulterhöhe locker und in Form eines Ballons nach vorne halten. Im Einatmen zügig zu den Seiten öffnen – der Ballon bläst sich auf – und beim Ausatmen langsam mit »Fffffff« die Arme zusammenführen, alles an Luft rauslassen.

Übung: Fliegen

Die Arme mit dem Einatmen neben dem Körper nach oben strecken und auf »Ha« ausatmen, dabei die Arme wieder langsam nach unten führen. Das Ganze sieht aus, als ob man jeden Moment anfängt zu fliegen. Die Übung so lange wiederholen, bis das Ha langsam, gleichmäßig und voll im Ton herausströmt. Das A ist besonders geeignet, um leise Stimmen zu locken. Lassen Sie Ihr Kind erstmal das A im Mund fühlen (siehe Seite 53), dann auch das A im Körper.

Übung: Silben auf A singen

Singen Sie gemeinsam Lieder, und zwar vorwiegend auf Silben, die ein A enthalten, zum Beispiel das Lied »C-A-F-F-E-E« von Seite 64 auf »bam«.

Entwickeln Sie Melodien auf Worte, die ein A enthalten, z.B.: »Ja, ja, ja, die Sonne, die ist da!«

Wenn allmählich wieder Vitalität in die Stimme strömt, versuchen Sie, mit Ihrem Kind dynamisch zu singen, also lauter und leiser zu werden, wie das Schnaufen einer vorbeifahrenden Dampflokomotive.

Mein Kind spricht rauh und spröde

Eine rauhe und spröde Stimme kann im vorpubertären Alter mit dem beginnenden Stimmbruch zusammenhängen. Doch auch während und nach der Pubertät kommt es häufig vor, daß die Stimme ihre Weichheit und Biegsamkeit verliert. Stimm- und Singübungen sind dann fehl am Platz. Die Stimme muß unbedingt während dieser Zeit geschont werden. Das gilt auch für Mädchen.

Wenn auszuschließen ist, daß es sich hier um eine vorübergehende Begleiterscheinung handelt, die mit der Entwicklung zusammenhängt, versuchen Sie, Ihrem Kind mit folgenden Übungen zu helfen:

Übung: I und Ü tönen

- Beginnen Sie mit den Atemübungen von Seite 45 ff.
- Üben Sie helle Vokale: I und Ü. Bringen Sie das I in die richtige Form (siehe auch Seite 55), und achten Sie darauf, daß das ohne Druck geschieht.
- Beim I ist die Mundhöhle geöffnet, der Kehlkopf sollte möglichst tief liegen.
- Die Lippen werden ganz leicht nach den Seiten geöffnet.
- Die Zunge ist leicht angehoben, bleibt aber locker und berührt mit ihrer Spitze die untere Zahnreihe. Die Zunge ist bei der I-Bildung das wichtigste Organ.
- Der Kieferwinkel ist eng, die Mundwinkel sind leicht »lächelnd« angehoben, die Lippen nähern sich.

Eine Hilfe ist der fließende Übergang von U nach I. Wenn man das ganz langsam nachvollzieht – stellen Sie sich dabei mit Ihrem Kind vor einen Spiegel – dann kann man nicht nur sehen, sondern auch fühlen, was mit den Lippen, der Mundhöhle und dem Kiefergelenk so alles passiert! Wird das I richtig getönt, dann klingt es im Nasen-Rachen-Raum.

Im Stimmbruch brechen tatsächlich die Knorpel im Kehlkopf, weil sie wachsen. Auch Mädchen kommen in den Stimmbruch!

Dieselbe Körperbewegung gilt auch für das Ü. Allerdings werden hier die Lippen ganz spitz.

Regelmäßiges Trainieren der Vokale U und I hilft gegen eine rauhe und spröde Stimme. Noch intensiver wirkt es, wenn die Körperbewegung dazukommt.

Nehmen Sie jetzt die Körperbewegung dazu:

- Arme über den Kopf strecken, die Handflächen nach innen, die Fingerkuppen berühren sich.
- Beim Einatmen gähnen. Dann das I mit einem gehauchten H-Ansatz tönen. Die Mundstellung ist ähnlich wie beim E, doch die Zunge macht einen Katzenbuckel, ohne daß sich dabei die Zungenspitze zurückzieht.

Übung: Silben auf I und Ü singen

- Eine gute Ausgangsstellung ist das Pfeifen.
- Reflektorisch einatmen und hi-hi-hi abwechselnd sprechen und singen.
- Singen Sie gemeinsam eine Tonfolge von oben nach unten auf eine Silbe, die ein I enthält, also: di-mi-li-bi. Singen Sie die Tonfolgen nach jedem Mal einen halben Ton höher:

- Wechseln Sie dabei auch in das Ü, also: di-dü, mi-mü, li-lü, bi-bü:

Mein Kind hat eine »Piepsstimme«

Vor allem Mädchen und die jüngsten innerhalb einer Geschwisterfolge gewöhnen sich gern eine Piepsstimme an. So wirken sie bedürftig auf die anderen, demonstrieren unbewußt Schutzbedürfnis und den Wunsch nach Liebe, Zärtlichkeit und Zuwendung.
Mit Beginn der Pubertät sollte diese Kleinkindchen-Stimme eigentlich so allmählich einer reiferen Stimme weichen. Tut sie das nicht, so hat das vor allem seelische Ursachen: Probleme, sich von zu Hause abzunabeln, Probleme mit der Mutter. Da Sie selbst ein Teil dieser Störung sind, sollten Sie sich auch fragen, was Sie in Ihrem Verhalten ändern können.

Kinder mit Piepsstimme möchten am liebsten immer klein bleiben und mit entsprechender Fürsorge behandelt werden.

Sie können versuchen, mit Übungen an der piepsenden Stimme zu arbeiten. Alle Sprech- und Singübungen, die ein U oder O enthalten, fordern eine tiefe Stimmlage. Versuchen Sie immer wieder, mit Ihrem Kind spielerisch diese tiefen Töne zu trainieren.

U und O tönen (siehe auch Seite 52f.)

- Für das U ist das Zwerchfell leicht angespannt.
- Die Zunge liegt locker am Mundboden.
- Der Mund ist leicht geöffnet.
- Die Lippen bilden sich zu einem Ring, sie sind leicht vorgestülpt, der Unterkiefer ist dabei ganz locker.

Das U ist nicht einfach zu bilden, doch bei richtiger Formgebung wird es zum Kehlöffner, weil sich der Kehlkopf nach unten senkt, die optimale Stellung zum Tönen und Singen. Auch das O ist genauso wie das U ein dunkler Vokal, er schwingt vor allem in der Mitte des Rumpfes: Das Zwerchfell ist lockerer als beim U, die Mundhöhle öffnet sich etwas mehr, die Lippen formen einen Ring, wobei der Unterkiefer etwas zurückgenommen wird, die Zungenspitze richtet sich leicht auf.

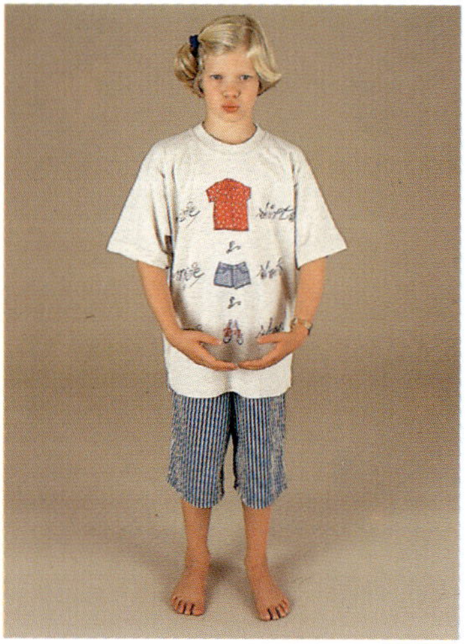

Die Arme zu einem U formen und dann den tiefen Vokal tönen.

Übung: U und O mit dem Körper formen (siehe Seite 63)

- Locker hinstellen, die Arme hängen lassen und zu einem U oder einem Korb formen.
- Beim Einatmen gähnen, dann das U mit einem gehauchten H-Ansatz tönen.
- Nicht in die hohen Lagen gehen!
- Für das O einen großen Ball umfassen.
- Beim Einatmen gähnen, dann das O mit einem gehauchten H-Ansatz tönen.
- Immer wieder ausprobieren, wie tief die Stimme klingen kann. Dazu in U-Stellung hinstellen und mit weichem Ansatz auf »Hu« mit der Stimme abwärtsgleiten. So tief wie es geht.

Übung: Lippengymnastik (siehe Seite 56f.)

Lippenübungen erfordern Lippenspannung. Das bringt sofort spürbare Energie.

- Lippen flattern lassen.
- Lippen spitzen und entspannen (fünfmal).
- Lippen breit auseinanderziehen und entspannen (fünfmal).
- Der Fischmund: Auf »Pop« Lippen öffnen und gleich wieder schließen wie ein Fisch, der Luft schnappt.
- Mit den Lippen ein Stück Orange von einem Teller fassen und versuchen, es zu zerdrücken.
- Rhythmisch Phantasiesilben sprechen und dabei mit dem Stimmklang rauf und runter gehen. Zunächst auf M, z. B.: MoMaMiMu, MiMeMuMö, MaMuMiMe. Dann P und B im Wechsel, z. B.: PiBaPuBo, PaBiPoBö, PäBiPeBa und F und W im Wechsel, z. B.: WaFiWeFo, WuFäWiFe, WöFoWaFi.

Lippen flattern lassen. Machen Sie mit, und gehen Sie locker und mit Humor daran.

Es ist gut möglich, daß Ihr Kind es gar nicht mag, wenn Sie mit diesen Übungen ankommen. Denn eigentlich will es ja weiter durch die Piepsstimme sein Bedürfnis nach Schutz demonstrieren. Vielleicht fühlt es sich auch bevormundet. Sie sollten dann nicht drängen, sondern sich etwas anderes überlegen. Sehr hilfreich ist das Singen im Chor oder die Teilnahme an einer Theatergruppe in der Schule. Auch professioneller Sprechunterricht kann viel Spaß machen, wenn der Lehrer gut ist. Wunder wirkt oft eine Kampfsportart. Judo ist besonders empfehlenswert. Hier kann sich ein Kind stark und selbstbewußt fühlen. Egal, zu was sich Ihr Kind entscheidet, zeigen Sie ihm weiterhin, daß Sie immer da sind, wenn es Schutz und Hilfe braucht und umarmen Sie es, wenn Sie das Gefühl haben, daß das jetzt wichtig ist!

Theaterspielen hilft in vielen Fällen, die Piepstimme abzustellen. Denn auf der Bühne muß man deutlich und mit Resonanz sprechen. Und man muß auch einmal den Starken spielen.

Mein Kind »knödelt«

Werden Schlund- und Rachenraum verengt, dann klingen die Laute »gaumig« oder »knödelig«. Der enge Rachenraum ist die Folge einer trägen Zunge. Hier helfen also zunächst mal vor allem Übungen, die die Zunge auf Trab bringen:

Übung: Zungengymnastik (siehe Seite 58f.)

- Die Glocke: Die Lippen liegen locker aufeinander, die Zunge locker aus dem linken Mundwinkel hängen lassen und wie einen Glockenschlegel mit wim, wem, wam, wum, dann mit belim mal nach rechts, mal nach links schwingen lassen.

- Zungen- und Schnalzübungen auf ds, ds, ds; tl, tl, tl; s, s, s; z, z, z. Alle Konsonanten werden von der Zunge sozusagen angesaugt – bis auf s und z, sie werden nach außen gesprochen.

- Rhythmische Phantasiesilben sprechen, abwechselnd auf T und D, S und Z, L und N, z. B.: TuDoTö, TiDaTo,TäDaTe oder SaZiSo, SuZüSi, SeZäSa und LaNiLaNo, LöNuLoNi, LäNeLiNa.

Bei der Glockenübung übernimmt die Zunge die Rolle des Glockenschlegels.

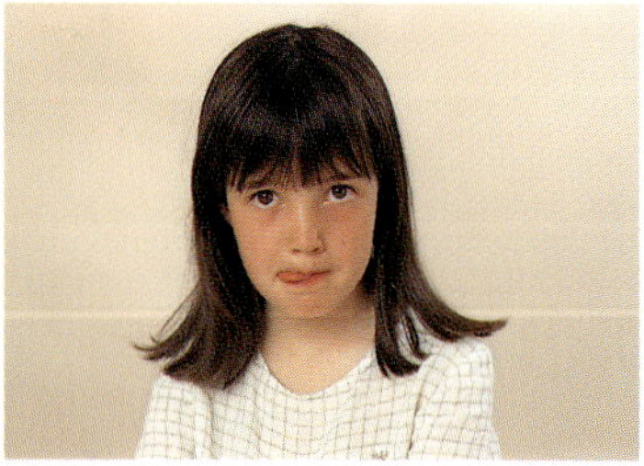

Bei der Mausübung spielt die Zunge eine flinke Maus, die ständig in Bewegung ist.

- Stellen Sie sich mit Ihrem Kind vor einen Spiegel. Machen Sie ihm verschiedene Formen vor, die man mit der Zunge bilden kann. Kann Ihr Kind sie nachahmen?

- Vielleicht kann Ihr Kind auch Formen herstellen, die Sie nicht nachmachen können?

- Die Maus: Die Zunge ist jetzt eine kleine Maus, die sich hinter den Wangen hin und her bewegt. Ganz plötzlich guckt sie aus ihrem Mauseloch zwischen den Lippen hervor, mal rechts, mal links. Dann verschwindet sie wieder, taucht vielleicht hinter der Oberlippe wieder auf.

- Kopf hängen lassen, Kiefergelenk öffnen, Zunge raushängen lassen. Reflektorisch einatmen und dabei gähnen und mit heraushängender Zunge auf »ha« ausatmen.

- Reflektorisch einatmen, dabei gähnen und kräftig bei langsam entweichendem Atem »ha-ha-ha« tönen. Dabei beim Ausatmen den Zeigefinger auf die Zunge legen und sie während des Tönens leicht nach unten drücken.

Mein Kind stottert

Gegen das Stottern können Sie wahrscheinlich wenig tun. Denn je häufiger Sie Ihr Kind darauf ansprechen mit: »Nun mal langsam« – »Ruhig atmen«, desto unsicherer wird es. Und es weiß ja selbst, daß es stottert. Ein sehr gutes Mittel dagegen ist das Singen, vor allem das gemeinsame Singen im Chor. Auch rhythmisches Sprechen mit Atempausen an den richtigen Stellen hilft gegen Stot-

Stottern. Alles, was den langen und ruhig ausströmenden Atem fördert, wirkt sich günstig aus. Wenn Ihr Kind keine Lust oder Hemmungen hat zu singen, dann sollten Sie es zu einem Atempädagogen bringen, der sich auch mit Stimmbildung beschäftigt.

Manchmal legt sich das Stottern von selbst, aber dazu muß Ihr Kind viel Selbstbewußtsein entwickeln, und ohne Hilfe von außen ist das sehr schwer.
Von Stotter-Selbsthilfe-Gruppen (Adressen im Anhang des Buches) weiß man, daß Schauspielern ihnen hilft. Das heißt nicht unbedingt, daß man Schauspielunterricht nehmen muß, sondern daß man sich immer vorstellen soll, daß man beim Sprechen auf der Bühne steht. Das ist anfangs schwer, denn genau dieses Gefühl ist es ja, was Stotterer hemmt. Doch wenn die Betroffenen sich so innerlich in den Mittelpunkt rücken, kann das auch helfen, Hemmungen abzubauen.

Da mehr Jungen als Mädchen stottern, ruft das häufig die Väter auf den Plan. Doch gerade ihre Ermahnungen verstärken das Problem noch zusätzlich.

Mein Kind spricht undeutlich

Wenn ein Kind schon von klein an undeutlich spricht, dann liegt das – es muß hier einmal deutlich gesagt werden – in vielen Fällen an den Eltern bzw. an der Mutter. Sie ist Vorbild, was die Sprache angeht, und wenn sie selbst undeutlich spricht, sollte sie mitunter ein paar Stunden beim Sprecherzieher investieren.

Was anderes ist es, wenn das Kind so allmählich immer undeutlicher spricht. Das kann verschiedene Ursachen haben: Oft werden Gedanken ausgesprochen, bevor sie überhaupt Gestalt angenommen haben und im Kopf formuliert wurden. Dann rattern die Worte nur so heraus. Oder die Mundmuskeln sind ein bißchen träge, was charakter- oder entwicklungsbedingt sein kann.

Der Mund wird kaum geöffnet, die Lippen kaum bewegt, die Zunge hängt schlaff im hinteren Gaumen. Vor allem für den impulsiven Schnellsprecher sind Atemübungen wichtig (siehe Seite 45ff.). Lippen-, Zungen- und Rachenübungen (siehe Seite 52ff.) helfen nicht nur, Worte deutlicher zu sprechen, sie bringen auch ein anderes Bewußtsein beim Sprechen: Ein besseres Formulieren ist die Folge.

Übung: Artikulation fördern

- Einen Korken zwischen die Zähne nehmen und so einen kurzen Text lesen.
- Mit heraushängender Zunge einen kurzen Text laut vorlesen.

Zungenbrecher gibt es in allen Sprachen der Welt. Selbst Erwachsene benutzen sie hin und wieder, um die Aussprache zu verbessern. Wichtig dabei ist, daß Sie langsam beginnen, die Übungen oft wiederholen und langsam das Tempo steigern.

Übung: Zungenbrecher

Wenn beim Sprechen ein Korken zwischen die Zähne geklemmt wird, weitet sich der Mundraum. Die Aussprache ist hinterher viel deutlicher.

***Es saßen zwei zischende Schlangen
zwischen zwei spitzen Steinen
und zischten sich zuweilen an.***

***Auf dem Türmchen steht ein Würmchen
mit dem Schirmchen unterm Ärmchen.
Kommt ein Stürmchen, bläst das Würmchen
mit dem Schirmchen unterm Ärmchen
von dem Türmchen.***

***Ein krummköpfiger, kürbisgroßer,
grasgrüner grauer Karnickelkopf.***

***Es klapperten die Klapperschlangen,
bis ihre Klappern schlapper klangen.***

Mein Kind lispelt

Das S ist ein Konsonant, der schwer zu sprechen ist und dem sich die Logopäden besonders intensiv widmen. Viele Menschen spucken oder lispeln beim S. Schlimm ist das nicht, nur wenn Ihr Kind sich darüber ärgert oder wenn sich andere darüber lustig machen, sollten Sie am S arbeiten.

Übung: Zungengymnastik mit S (siehe auch Seite 57f.)

- Daumen, Zeige- und Mittelfinger zusammenlegen und vor die Lippen bringen. Den Luftstrom des S fühlen, es wie ein Kaugummi herausziehen und dem Partner abgeben.
- Zungen- und Schnalzübungen auf ds, ds, ds; tl, tl, tl; s, s, s; z, z, z. Alle diese Konsonanten werden von der Zunge angesaugt, bis auf s und z; sie werden nach außen gesprochen.
- Rhythmische Phantasiesilben sprechen, abwechselnd auf T und D, S und Z, L und N, z. B. TuDoTö, SuZüSi, LaNiDaNo.
- Sehr wirksam und einfach: das Sch formulieren, dabei die Zunge weit nach vorne bringen und zwischendurch ein scharfes S einbauen: Sch...S...Sch...S...

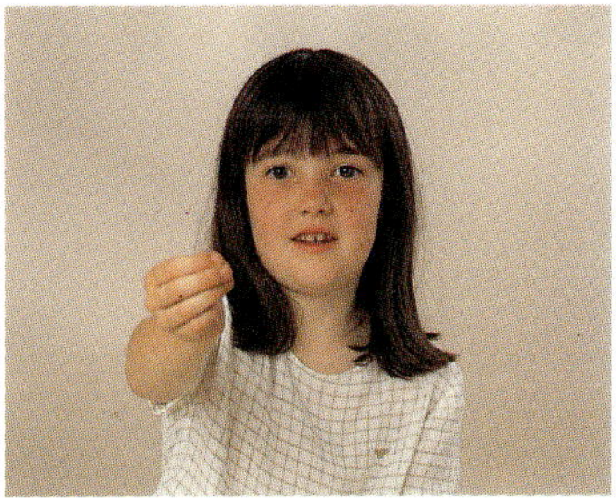

Für das Üben von S drei Finger an die Lippen halten und das S wie ein Kaugummi herausziehen.

Viel Feingefühl notwendig

Es ist sehr wahrscheinlich, daß Ihr Kind, das so häufig auf seine mangelnde Aussprache aufmerksam gemacht wird, überhaupt keine Lust hat, mit Ihnen solche Übungen zu machen. Da gibt es nur eine Möglichkeit: Weihen Sie jemanden ein, zu dem Ihr Kind viel Vertrauen hat. Bitten Sie denjenigen, ab und zu entsprechende Übungen zu machen, sie gehen sehr schnell ins Unterbewußtsein über.

Die Macht des Wortes

Worte können Kriege auslösen.
Worte können Frieden schließen.
Bevor wir ein Wort aussprechen, formt es sich als Gedanke. Manchmal kommt das Wort jedoch so schnell wie der Gedanke. Es handelt sich dann um eine gedankenlose Wortwahl, die man oft bereut.

Jeder von uns sollte sich der Kraft und der Macht des Wortes bewußt sein und die Wortwahl sorgfältiger treffen. Wie oft wirken Worte verletzend, wie oft werden Kämpfe allein über Worte ausgetragen. Besonders im Umgang mit Kindern ist die Wortwahl wichtig. Und oft weisen uns Kinder darauf hin: »Sag das nicht!« – »Ich mag nicht, wenn Du so redest!« Wir sind Kindern überlegen, was die Wortwahl betrifft und sollten das nicht ausspielen.

Der Kehlkopfbereich ist die schmalste Stelle im Körper. Er verbindet den Bauch- und Brustraum, in dem man symbolisch die Emotionen ansiedelt, mit dem Kopf, dem Sitz des Verstandes. Emotion und Verstand vereinen sich im Wort. Wichtig sind ein ausgewogenes Gleichgewicht zwischen diesen Extremen und das Wissen um die Kraft der Gedanken.

Mut zur Stimme

Kindergärtnerinnen, Musiklehrer, Chorleiter können durch falsche Wortwahl bewirken, daß ein Kind nie mehr singen wird und auch später felsenfest davon überzeugt ist: »Ich kann nicht singen!«.

Sie können aber auch genau das Gegenteil mit Worten erreichen. Sie können ein Kind, das vielleicht beim Singen krächtzt, ermutigen, anstatt es vor den anderen bloßzustellen. Sie können es auffordern, die Lieder mit einem Instrument zu begleiten, den Rhythmus zu klatschen, den Grundton zu singen. Und diesem Kind immer wieder klar machen: »Du meinst vielleicht, Deine Stimme klingt nicht schön, weil die anderen lachen. Aber vergiß nie: Auch Du kannst singen, kannst Musik machen, Du bist genauso musikalisch wie alle anderen!«

Kinder sind Meister darin, ihrer augenblicklichen Stimmung und Lebensfreude durch Singen und Bewegung Ausdruck zu verleihen.

Zusätzliche Informationen über gezielte Hilfe bei Stimm- und Sprachproblemen erhalten Sie bei nebenstehenden Adressen.

Weiterführende Literatur

Elena Cardas: Atmen. Lebenskraft befreien, Gräfe + Unzer, München 1994.
Horst Coblenzer, Franz Muhar: Atem und Stimme. Anleitung zum guten Sprechen, ÖBV. Pädagogischer Verlag, Wien 1989.
Der kleine Hey. Die Kunst des Sprechens, Schott Verlag, 1971.
Klaus Heizmann: Reden ist Silber. Singen ist Gold, Brockhaus Verlag, 1990.
Gisela Köpp: Leben mit Stimme. Stimme mit Leben. Bärenreiter Verlag, Kassel 1995.
Gerhard Schmidt-Gaden: Wege der Stimmbildung für Kinder und Erwachsene. Hieber Verlag, München 1992.

Wichtige Adressen

- afa. Arbeits- und Forschungsgemeinschaft für Atempflege, Grabenstraße 39, 12209 Berlin, Tel. 030/341 72 26. Hier bekommen Sie Adressen von Atem- und Stimmtherapeuten in Ihrer Nähe.
- Zentralverband für Logopädie e.V., Rebenweg 1, 48308 Senden. Hier bekommen Sie Adressen von Logopäden in Ihrer Nähe.
- Rehabilitationsklinik für Stimm-, Sprach- und Sprechstörungen. Stimmheilzentrum. Waldstraße 9, 74906 Bad Rappenau, Tel. 072 64/886 00.
- Abteilung für Phoniatrie und Pädaudiologie. Universitätskrankenhaus Eppendorf, Martinistraße 52, 20251 Hamburg, Tel. 040/471 71.
- Bundesvereinigung Stotterer-Selbsthilfe e.V., Kasparstraße 4, 50670 Köln, Tel. 0221/73 07 31
- Interdisziplinäre Vereinigung für Stotterertherapie, IVS e.V., Stefan Siewing, Universitätsstraße 43, 50931 Köln, Tel. 0221/579 97 57
- Kontakt- und Beratungsstelle für Eltern stotternder Kinder: sprachtherapeutisches Ambulatorium der Universität Dortmund, August-Schmidt-Straße 8, 44227 Dortmund, Tel. 0231/755 52 12

Über die Autorin

Annette Cramer absolvierte nach ihrem Studium der Musik, Psychologie und Philosophie eine Musiktherapieausbildung bei Gertrud Orff. Sie arbeitet in einer Praxisgemeinschaft als Musiktherapeutin in München. Schwerpunkte: Atem- und Stimmarbeit, rezeptive Musiktherapie und Ton-Transfer-Therapie.

Leserservice

Sollten Sie Fragen haben, die in diesem Buch nicht beantwortet wurden oder über die Themen dieses Buches hinausgehen, dann schreiben Sie uns bitte. Wir werden Ihren Brief oder Ihre Karte vertraulich an unseren Beraterservice, der sich aus anerkannten Fachleuten zusammensetzt, weiterleiten. Sie erhalten von ihm Ihren ganz persönlichen Rat.

Hinweis

Das vorliegende Buch ist sorgfältig erarbeitet worden. Dennoch erfolgen alle Angaben ohne Gewähr. Weder Autorin noch Verlag können für eventuelle Nachteile oder Schäden, die aus den im Buch gemachten praktischen Hinweisen resultieren, eine Haftung übernehmen.

Bildnachweis

Interfoto, München: S. 9; alle anderen Fotos stammen von Claudia Rehm, Stockdorf bei München

Impressum

Redaktion: Christel Hofmann, Ulrike Lutz
Redaktionsleitung: Josef K. Pöllath
Bildredaktion: Barbara Glöggler
Produktion: Manfred Metzger
Umschlag/DTP/Satz: Wolfgang Lehner
Druck: Color-Offset, München
Bindung: R. Oldenbourg, München
Printed in Germany

Gedruckt auf chlor- und säurearmem Papier
ISBN 3-517-01595-4

Register